Tatjana Leichsering/Martina Henschke

Kinder Deutschlands

Tatjana Leichsering
Martina Henschke

KINDER
DEUTSCHLANDS

Mit einem Beitrag von Feridun Zaimoglu

Brandes & Apsel

Für Lara, Lion und all die anderen Kinder Deutschlands.

Der Inhalt

Die Schirmherrin   9
Warum dieses Buch?   11
Wie es überhaupt dazu kam   14

Die Interviews:

Hajar, 4. Klasse   19
Joanne Ruth, 3. Klasse   21
Rebecca, 2. Klasse   23
Feride, 2. Klasse   25
Ramcess, 1. Klasse   27
Nezrina, 2. Klasse   29
Feridun Zaimoglu,
Schriftsteller und Maler   31
Laura, 3. Klasse   43
Iheb, 4. Klasse   45
Hatice, 4. Klasse   47
Ermal, 1. Klasse   49
Segen, 2. Klasse   51
Dinnuba, 3. Klasse   53
Lina, 4. Klasse   55
Ayoub, 3. Klasse   57
Gamze, 4. Klasse   59
Gizem, 4. Klasse   61
Schabnam, 3. Klasse   63
Ibrahim, 2. Klasse   65
Nadia, 1. Klasse   67
Deeqa, 4. Klasse   69
Christian, 3. Klasse   73
Saniye, 4. Klasse   75
Qiqi, 2. Klasse   77
Asya, 2. Klasse   79
Hariss, 3. Klasse   81
Kinga, 3. Klasse   83

Nastasija, 4. Klasse 85

Merve, 2. Klasse 87

Aboubaker, 3. Klasse 89

Naomi, 3. Klasse 91

Egzona, 4. Klasse 93

Jonas, 3. Klasse 95

Derya, 2. Klasse 97

Trisha, 4. Klasse 99

Krzysztof, 2. Klasse 101

Yasmine, 2. Klasse 103

Abu Bakkar, 1. Klasse 105

Glossar 106

Dank 108

Die Schirmherrin

Gern übernimmt UNICEF die Schirmherrschaft für die Initiative »Kinder Deutschlands«.

Auch hierzulande gibt es Kinder, denen wichtige Rechte verwehrt bleiben. Die relative Armut unter Jungen und Mädchen hierzulande wächst und bedeutet für die Benachteiligten auch schlechtere Bildungschancen und häufigere chronische Erkrankungen.

Alle Kinder haben die gleichen Rechte. So legt es die UN-Kinderrechtskonvention fest, die vor 20 Jahren von der Generalversammlung der Vereinten Nationen beschlossen wurde. Deutschland hat das Dokument als einer der ersten Staaten ratifiziert. Es bildet die rechtliche Grundlage für unsere Verpflichtung, allen Mädchen und Jungen eine gute Kindheit zu ermöglichen – in einem Lebensumfeld, in dem sie geschützt aufwachsen.

In vielen Fällen sieht die Realität heute noch anders aus. Weltweit leidet jedes fünfte Kind Hunger, mehr als 9 Millionen Kinder sterben pro Jahr vor ihrem fünften Geburtstag, die meisten von ihnen an leicht behandelbaren Krankheiten wie Durchfall oder Masern. Etwa 100 Millionen Kinder gehen nicht zur Schule.

UNICEF setzt sich dafür ein, dass alle Kinder zu ihrem Recht kommen – unabhängig von Herkunft, Hautfarbe, Geschlecht oder Religion. Wir müssen ihnen Schutz gewährleisten, sie entsprechend ihrer Neigungen fördern und sie an Entscheidungen, die sie betreffen, teilhaben lassen.

Die Kinderrechtskonvention fordert das Recht auf Beteiligung und Gehör ausdrücklich ein. Die Idee, die diesem Buch zugrunde liegt, Kinder selbst zu Wort kommen zu lassen, entspricht diesem Anliegen voll und ganz. Denn damit wir ihre Bedürfnisse verstehen, müssen wir Kindern zuhören.

Ihre

Regine Stachelhaus
Geschäftsführerin
UNICEF Deutschland

Warum dieses Buch?

Gerade hat es zur großen Pause geläutet und die Kinder stürmen lautstark aus ihren Klassenzimmern. Wortfetzen, Gelächter und Getrampel dringen durch die geschlossene Türe der Bibliothek einer Grundschule zu mir herein. Das erinnert mich daran, für wen ich hier eigentlich sitze und schreibe. Es sind nicht abstrakte akademische Begriffe, um die es geht, keine anonymen Zahlen aus offiziellen Statistiken, nein, ich sitze hier und schreibe für jene Kinder, die gerade so lebendig die Treppen hinunterrennen. Kinder, deren wichtigstes Gut die zwischenmenschlichen Beziehungen sind, in denen sie sich bewegen. Kinder, deren Leben und Lernen von Beziehungen geprägt werden, ja von ihnen abhängig sind. Das schließt die Beziehungen innerhalb ihrer Familien ebenso ein, wie jene zu ihren Lehrern und Betreuern in Kindergärten, Schulen und Kindertagesstätten. Und natürlich die Beziehungen zu ihrer Umwelt: ganz alltägliche Begegnungen mit Nachbarn, bei Arztbesuchen und Einkaufserlebnissen, auf dem Spielplatz. Hinzu kommen die aufgeschnappten Nachrichten aus Radio und Fernsehen, Schlagzeilen, die in großen Lettern am Kiosk prangen, Bilder und Notizen in Illustrierten. Schlicht das, was ihnen Tag für Tag aus den Medien und im öffentlichen Raum entgegentritt.

All diese Beziehungen zusammengenommen ergeben ein vielschichtiges emotionales und gedankliches Gefüge, innerhalb dessen die Kinder sich orientieren und verorten, aus dem heraus sie Lust oder Unlust entwickeln, durch das Motivationen, Einstellungen und Haltungen entstehen. Dieses komplexe Beziehungsgefüge ist die Grundlage, auf der die Kinder ein Gefühl für ihr Dasein in dieser Welt entwickeln, ein Gefühl dafür, wie ihnen begegnet wird und wie sie selbst ihrer Umwelt begegnen, wie sie schlussendlich als Teil der Gesellschaft selbst Bezug nehmen.

Die Art und Weise, wie mit den Themen Migration und Integration umgegangen wird, wie öffentlich und privat darüber diskutiert wird, beeinflusst diesen Prozess wesentlich. In sechs Städten Deutschlands lag im Jahr 2005 der Anteil an Kindern unter fünf Jahren aus Familien mit Migrationsbiografien bei über 60%[1]. Ein Großteil dieser Kinder ist in Deutschland zur Welt gekommen. Viele ihrer Elternteile sind ebenfalls seit der eigenen Kindheit in der Bundesrepublik. Im öffentlichen Diskurs werden diese Kinder allerdings vorrangig als Problemverursacher thematisiert. Obwohl sich in jüngster

---

[1] Nürnberg 67,0%, Frankfurt am Main 64,6%, Düsseldorf 63,9%, Stuttgart 63,6%, Wuppertal 62,0%, Augsburg 60,2% (vgl. Statistisches Bundesamt 2008: *Bevölkerung und Erwerbstätigkeit. Bevölkerung mit Migrationshintergrund. Ergebnisse des Mikrozensus 2005*. Fachserie 1, Reihe 2.2. Wiesbaden: Statistisches Bundesamt).

Zeit zwar eine deutlich differenziertere Diskussion herausbildet und inzwischen auch entsprechend differenziertere bildungspolitische Maßnahmen existieren, stehen nach wie vor kulturelle Unterschiede und Sprachschwierigkeiten im Vordergrund. Anstelle einer wertschätzenden und respektvollen Haltung gegenüber unterschiedlichen individuellen Biografien dominiert eine zumeist problemorientierte Wahrnehmung dieser Schülerinnen und Schüler.

Im Streben nach größtmöglicher sozialer Homogenität wird soziale Heterogenität, wie sie als Folge jahrzehntelanger Migrationsbewegungen nun mal entsteht, als Bedrohung wahrgenommen. Vor diesem Hintergrund geraten kulturelle Faktoren sowie Mehrsprachigkeit zu Hindernissen. In der Konsequenz werden viele Schulkinder auf ihre Rolle als so genannte »Kinder mit Migrationshintergrund« festgelegt. Dies geschieht in der Schule häufig unbewusst, sehr subtil und in den seltensten Fällen absichtlich. Warum also nicht auch im Alltag einer Grundschule darüber reden? Warum nicht die Kinder und ihre Familien unmittelbar in diesen Diskurs einbinden? Warum nicht die jüngsten Protagonisten dieser Gesellschaft, jene, über die man so viel diskutiert, direkt zu Wort kommen lassen?

Schließlich geht es immer wieder darum, Beziehungen zu gestalten – auf alltäglicher genauso wie auf institutioneller und politischer Ebene. Es geht um Kommunikation, um das Aushandeln von Positionen, um ein »Sich-klar-darüber-werden«, auf welche Art unterschiedliche Menschen innerhalb einer Gesellschaft künftig miteinander leben wollen. Dafür ist es notwendig, die Positionen der jeweils Anderen anzuhören und sich damit zu beschäftigen. Das ist die Grundlage. Es geht nicht um blinde Toleranz gegenüber allem und jedem, sondern um gegenseitigen Respekt, der dadurch bekundet wird, dass sich jeder mit den Standpunkten des Anderen auseinandersetzt und sie kennenlernt, um im Diskurs zu einer für alle akzeptablen Ebene des Zusammenlebens zu kommen. Dieser Prozess ist niemals abgeschlossen, sondern dauerhaft und er reicht bis in die feinsten Verästelungen, in die kleinsten Nischen der Gesellschaft. Er ist auch nicht immer harmonisch. Es kommt dabei vor allem darauf an, die Kommunikation aufrechtzuerhalten.

Die Kinder interessieren sich für ihre Umwelt, für das Gefüge, in dem sie aufwachsen, sie verhandeln diese Dinge ohnehin untereinander. Warum also nicht ein bewusstes und aktives Gespräch über Vielfalt und was dies im Einzelnen bedeutet in Kindergärten, Kindertagesstätten, Grund- und weiterführenden Schulen anstoßen? Dies ist der Impuls, den ich setzen möchte: zuhören, ernst nehmen und verhandeln, durchaus auch konfliktiv. Ich werbe dafür, diesen Prozess nicht zu scheuen, sondern aktiv zu gestalten. Dazu braucht es im Prinzip alle, die in einer Gesellschaft leben. Diese Argumente haben nichts mit naiven »Multikulti-Träumereien« zu tun, sondern mit harter sozialer Realität. Einen solchen Prozess zu gestalten erfordert Engagement, Geduld, Durchhaltevermögen und vor allem Reflexion! Der Kulturanthropologe Werner Schiffauer plädiert in seinem Buch *Parallelgesellschaften* für *einen neuen Realismus,* für eine *Kultur des genauen Hinsehens,*[2] ich schließe mich dem an und unterstreiche dabei die Dimension der bewussten Kommunikation: die Förderung einer Kultur des genauen Hinsehens und bewusst darüber Kommunizierens!

Wenn in diesem Buch die Kinder also für sich selbst sprechen, dann ist dies gleichzeitig die logische Konsequenz aus diesem Standpunkt, ein methodisch zutiefst ethnografisches Vorgehen und ein ganz persönliches Anliegen: die Eigenverortungen Einzelner ernstzunehmen, die Vielfalt der Äußerungen darzulegen und auf diese Weise ein Bild zu zeichnen, das stereotype und verfestigte Wahrnehmungen in Frage stellt. Ein Bild, das es möglicherweise schafft, zu überraschen. Wie aber geht das am besten? Indem man Einzelne herausgreift, sie aus der Anonymität der Masse herauslöst, ihnen ein Gesicht und eine Stimme verleiht und sie als Individuen sichtbar und hörbar macht. Die Kombination von Fotografie und Interview bietet sich geradezu zwingend an, um einen persönlichen Bezug zu einzelnen Kindern und ihrer Lebenswelt herzustellen.

Daher habe ich sehr gerne mit Martina Henschke zusammengearbeitet. Sie ist eine Fotografin, die sich vor allem an Inhalten orientiert. Auch ihr geht es darum, genau hinzusehen und die Menschen, die sie fotografiert, ernst zu nehmen, ihre Individualität herauszuarbeiten, ihre Lebenskontexte zu verstehen und ihre biografischen Prägungen herauszufinden. Während sie die Kinder für diesen Band fotografierte, hat sie ebenfalls mit ihnen gesprochen, hat ihnen Fragen gestellt und ihnen zugehört. Sie hat sich auf die Kinder und ihre Persönlichkeit eingelassen, hat sich mit ihnen beschäftigt. Auf diese Weise kam es zu einer wirklichen Begegnung zwischen den Kindern und ihr vor und hinter der Kamera. Dank ihrer Art zu fotografieren, stellt sie für den Betrachter einen unmittelbaren Bezug zur portraitierten Person her. Ihre Bilder und meine Interviews ergänzen und komplettieren sich gegenseitig, treten in eine Beziehung zueinander.

Wir stellen also gemeinsam 37 Kinder vor, die zugleich die sprachlich und ethnisch heterogene Zusammensetzung der nachwachsenden Generation illustrieren. In den Interviews berichten sie, welche Sprachen sie sprechen, welche sie gerne noch lernen möchten und wie es ihnen in der Schule gefällt. Mit einigen gelingt ein interessanter Austausch über die Frage, was es eigentlich heißt, deutsch zu sein. Darüber hinaus sprechen die Kinder ebenso über ihre Lieblingsbücher, ihre sportlichen Vorlieben oder ihr Lieblingsessen. Dabei wird deutlich, dass sie neben all Ihrer Individualität vor allem eines sind: Kinder, die zusammen zur Schule gehen und viele Gemeinsamkeiten haben!

---

[2] Schiffauer, Werner 2008: *Parallelgesellschaften.* Wie viel Wertekonsens braucht unsere Gesellschaft? Für eine kluge Politik der Differenz. Bielefeld.

Wie es überhaupt dazu kam

Dezember 2005, Montag, 8:00 Uhr, Unterrichtsbeginn – es ist der Auftakt einer umfangreichen Feldforschungsphase für eine Auftragsstudie. Ich stehe in einem vierten Schuljahr. Wie immer zu Beginn einer solchen Erhebungsperiode, stelle ich mich den betreffenden Schülerinnen und Schülern zunächst vor. Fast immer fragen sie bei dieser Gelegenheit, warum ich in die Schule komme, und ob ich eine Lehrerin werden möchte. So auch heute. Also erkläre ich ihnen, dass ich gerne mehr darüber erfahren würde, wie Kinder lernen, insbesondere wie mehrsprachige Kinder lernen und welche Sprachen sie sprechen. Daraufhin meldet sich Sedenay[3] und fragt: »Gibt es in Deutschland eigentlich mehr Deutsche oder mehr Ausländer?« Ich stutze kurz und beantworte ihre Frage mit einer Gegenfrage: »Wer ist denn überhaupt ein Deutscher, und wer ein Ausländer?«

In null Komma nichts entbrennt in der Klasse eine rege Diskussion, mit dem Ergebnis, dass am Ende keiner mehr so recht weiß, wie es sich nun eigentlich verhält und woran sich Deutschsein oder Nicht-Deutschsein festmacht. Die Kinder, die bis dahin dachten, Klarheit darüber zu haben, wer Deutscher und wer Ausländer sei, stellen zu ihrem Erstaunen fest, dass ihre bereits verinnerlichten und relativ fest gefügten Kategorien doch nicht so fest und unverrückbar sind. Plötzlich ist nicht mehr eindeutig klar, ob es allein der Pass ist, der einen zum Deutschen oder zum Spanier oder zum Türken macht, oder ob es nicht vielmehr der Geburtsort ist, der zählt, oder ob es am Ende die Herkunft der Eltern ist, aber was ist, wenn jemand Eltern aus zwei verschiedenen Herkunftsländern hat? Und wie ist das mit der Sprache bzw. den Sprachen?

Wir können all diese Fragen an jenem Morgen nicht abschließend beantworten. Mir allerdings hat diese Diskussion erneut auf eindrückliche Weise gezeigt, wie sehr sich schon ganz junge Kinder mit diesen Themen auseinandersetzen, wie wichtig es für sie ist, sich in ihrem gesellschaftlichen Umfeld zu positionieren. Sie folgen dabei einem starken Bedürfnis nach Zugehörigkeit aber gleichzeitig auch nach Abgrenzung. Entsprechend der äußeren Zuschreibungen und Erwartungen, mit denen sie sich dabei auseinandersetzen müssen, entwickeln sie ihr Selbstverständnis. Je nach dem, in welchem sozialen Umfeld sie sich selbst bewegen und wie ihnen im öffentlichen Raum und auch in der Schule begegnet wird, richten sie ihr Selbstbild aus. Oftmals ist bezogen auf kulturell heterogene Zusammenhänge leider von einer Zerrissenheit der Person die Rede. Diese Zerrissenheit rührt aber keineswegs daher, dass ein Mensch nicht grundsätzlich

---

[3]   Name geändert.

in der Lage ist, sich kompetent in völlig unterschiedlichen Lebenswelten zu bewegen und sich darin auch wohl und »ganz« zu fühlen. Stark vereinfacht dargestellt kann man vielmehr sagen, dass ihn seine Umwelt immer wieder daran erinnert, sich aus Loyalitätsgründen und gewissermaßen der guten Ordnung halber in eine der greifbaren Kategorien (in diesem Fall kultureller bzw. nationaler Art) einfügen zu müssen, ansonsten laufe er Gefahr, nirgends wirklich dazuzugehören.[4]

Wo aber verlaufen sie, die Demarkationslinien der Zugehörigkeit? An welchen Kriterien orientieren sich Kinder in diesem Alter? Wie nehmen sie ihr gesellschaftliches Umfeld war und wie verhalten sie sich dazu? In welchem Verhältnis stehen dabei die Mehrheitsgesellschaft im öffentlichen Raum und die privaten familiären Lebenswelten? Welche Rolle spielt es überhaupt für sie deutsch oder nicht deutsch zu sein? Welchen Stellenwert erhält welche Sprache in diesem Prozess der Selbstverortung?

Diesen Fragen nachzugehen und dabei vor allen Dingen die Selbstwahrnehmung der Kinder und ihre alltäglichen Strategien in den Blickpunkt zu rücken, bildet den Hintergrund für ihre Vorstellung in diesem Buch. Alle Angaben, seien es jene zu Geburtsland und Nationalität, oder jene über ihre Sprachen, stammen aus den geführten Gesprächen.[5] Sie wurden bewusst nicht nachrecherchiert, sondern sind Teil ihrer Selbstverortung. Auch die Vornamen sind in einigen wenigen Fällen ausschließlich Rufnamen der Kinder, es war ihnen wichtig, diese auch im Zusammenhang mit dem vorliegenden Buch zu verwenden.

Dieser Grundgedanke, die Episode in Sedenays Klasse, viele Interviewaussagen unterschiedlichster Kinder, die mich immer wieder zum Staunen brachten und nicht zuletzt die Vielfalt der Gesichter in den verschiedenen Schulen, die mich sehr berührt haben und von denen ich Martina Henschke berichtete, waren der Auslöser für die Idee, ein Projekt wie dieses zu realiesieren.

---

[4] Dabei handelt es sich um einen komplizierten Prozess, zu dem es vielfältige Forschungsansätze gibt, die jedoch hier nicht weiter ausgeführt werden sollen.

[5] Begriffe, die nachfolgend mit * gekennzeichnet sind, werden im Glossar erklärt.

Die Interviews

Hajar

Geht in die vierte Klasse / Geburtsland: Deutschland / Staatsangehörigkeit: Deutsch / Sprachen: Deutsch, Marokkanisch* (eine Berbersprache*), ein bisschen Englisch, ein bisschen Arabisch

Hajar, weißt Du denn schon, was Du werden möchtest, wenn Du erwachsen bist?
Ärztin oder Rechtsanwältin.

Und weißt Du auch, was Du tun musst, um das zu werden?
Gute Noten haben und [LANGE DENKPAUSE] ja, gute Noten haben und nicht so schlechte Noten. Man muss auch zeigen, dass man das will.

Ja, das stimmt. Weißt Du denn auch schon, wie Du mal wohnen möchtest, wenn Du groß bist?
In einer Villa oder so.

Und was muss da alles sein, in der Villa?
N' schönes Bett, dann sind da noch so Kellner, da hab ich dann viel Geld.

[LÄCHELT] Das klingt ja schick. Hajar, erzähl mir doch bitte mal, welche Sprachen Du kannst.
Deutsch und Marokkanisch und wir lernen auch ein bisschen Englisch.

Englisch in der Schule, mhm, und wenn Du sagst Marokkanisch, was ist das dann für eine Sprache?
Berbisch.

Berberisch?
Ja.

Mit wem sprichst Du das?
Mit meinen Eltern.

Aha, wie sprichst Du denn grundsätzlich mit Deinen Eltern?
Meistens antworte ich auch Berbisch.

Und wie sprichst Du mit Deinen Geschwistern?
Deutsch.

Mhm, und mit Deinen Schulfreunden?
Auch Deutsch.

Wie ist das mit Arabisch, kannst Du auch ein bisschen Arabisch sprechen?
Ja, aber nur ganz bisschen.

Du kannst ja ganz schön viele Sprachen, Du hast Deutsch, Du hast Berberisch, ein bisschen Englisch und ein bisschen Arabisch. Welche kannst Du denn am besten, was würdest Du sagen?
Deutsch.

Und welche sprichst Du am häufigsten?
Auch Deutsch.

Weißt Du denn auch, was Du für einen Pass hast?
Ein deutschen Pass.

Bist Du Deutsche?
Ich hab ein deutschen Pass.

Und was heißt das für Dich?
Dass ich auch bisschen deutsch bin.

Hm, und wieso nur ein bisschen?
Weil ich auch eine Marokkanerin bin.

Mhm.
Also meine Sprache ist Marokkanisch, aber ich bin eigentlich in Deutschland geboren, und ich hab den deutschen Pass.

Was ist denn für Dich der Unterschied zwischen Deutschsein und Nicht-Deutschsein?
Deutsche haben halt was Eigenes, und die anderen haben vielleicht was anderes.

Mhm, was hast Du denn Eigenes?
Ehm, wir sprechen 'ne andere Sprache und wir essen meistens auch etwas anderes.

isst gern:
Spaghetti

schaut gern:
Sponge Bob

mag gern:
Tanzen, Singen, Malen, Spielen

wäre später gern:
Ärztin, Rechtsanwältin

Joanne Ruth

Geht in die dritte Klasse / Geburtsland: Deutschland / Staatsangehörigkeit: Thailändisch / Sprachen: Deutsch, Thailändisch*, ein bisschen Englisch

Joanne, wie gefällt es Dir denn in der Schule?
Gut, eigentlich.

Gibt es denn irgendetwas in der Schule oder im Unterricht, das Du gerne verändern würdest?
Also, Mathe mag ich irgendwie nicht so.

Und Dein Lieblingsfach?
Schwimmen.

Noch eins vielleicht?
[ÜBERLEGT EINEN MOMENT] Deutsch.

Liest Du denn gerne, Joanne?
Ja. [GANZ EIFRIG]

Hast Du auch ein Lieblingsbuch?
Nee.

Irgendein Buch, das Du besonders gerne liest?
Hm [ÜBERLEGT EINEN MOMENT] bei mir ist das verschieden.

Wie ist das, sprichst Du außer Deutsch auch noch andere Sprachen?
Ja, Thailand.

Thailändisch?
Ja.

Warst Du denn schon mal in Thailand?
Nee, ich möchte aber gerne mal da hingehen.

Mhm, und welche Sprache benutzt Du am meisten?
Thailändisch.

Wie sprichst Du denn mit Deinen Eltern zum Beispiel?
Also, mit meinem Vater rede ich öfter Deutsch und mit meiner Mutter Thailändisch.

Joanne, hast Du auch noch Geschwister?
Geschwister? Nee, ich hab keine Brüder oder so was.

Mhm, und wie sprichst Du mit Deinen Kusinen und mit Deinen Kusins, wenn Du welche hast?
Normal. [LACHT]

Was ist denn normal?
Als ob die meine Freunde wären.

[SCHMUNZELT] Aber in welcher Sprache sprichst Du denn mit denen?
Mit meinen Kusinen rede ich Thailändisch, mit einer anderen Deutsch und mit meinem anderen Kusin, also der kommt aus England und ich aus Deutschland und wir können nicht reden, wir buchstabieren es irgendwie. Mit meinem anderen Kusin, manchmal Thai, manchmal Deutsch.

Mhm, und wie sprichst Du mit Deinen Freunden?
Deutsch.

Oder hast Du auch thailändische Freunde hier?
Nein.

Und welche Sprache kannst Du am besten?
Deutsch. [KICHERT]

Warum glaubst Du denn, dass Du Deutsch besser kannst, als Thailändisch?
Weil ich hier geboren bin.

Weißt Du auch, was Du für einen Pass hast?
Thailändisch.

Einen thailändischen Pass, mhm, und wie würdest Du Dich selber bezeichnen? Bist Du ein deutsches Kind?
Hm, ja, ich glaub schon.

isst gern:
Pizza

schaut gern:
Hotel Zack & Cody

mag gern:
Basketball,
Schwimmen,
Tanzen

wäre später gern:
Architektin

Rebecca

Geht in die zweite Klasse / Geburtsland: Deutschland / Staatsangehörigkeit: Deutsch / Sprachen: Deutsch, ein bisschen Englisch, ein bisschen Französisch, ein bisschen Spanisch und zwei Worte Italienisch

Rebecca, wie gefällt es Dir in der Schule, im Unterricht?
[ENERGISCH] Sehr gut.

Sehr gut, mhm, was machst Du denn am allerliebsten?
Am allerliebsten mach ich Kunst, danach Musik, danach Sachunterricht, danach Deutsch, danach Mathe, nein, nach Kunst Sport, Sport hab ich ganz vergessen.

Und in den Ferien? Gibt es ein Urlaubsland, in das Du besonders gerne fährst?
Gran Canaria, da muss ich nicht fahren, sondern fliegen.

[SCHMUNZELT UND NICKT BESTÄTIGEND MIT DEM KOPF] Richtig, da fliegst Du hin. Hast Du das schon mal gemacht?
Ja. [SEHR EIFRIG] Das ist in Spanien.

Toll. Sag Rebecca, gibt es eine Sprache, die Dir besonders gut gefällt?
Ja, Französisch, Spanisch, Englisch, Italienisch und Deutsch.

Aha, und welche davon kannst Du?
Also, ich kann Spanisch bisschen, dann kann ich Französisch, Englisch und Deutsch. Italienisch kann ich nur zwei Wörter.

Ah ja. Und welche von all den Sprachen kannst Du am besten?
Englisch.

Besser als Deutsch?
[LACHT] Nein, Deutsch kann ich am besten. [KICHERT] Danach Englisch, danach Französisch, danach Spanisch und danach Italienisch.

Ok, und welche Sprache benutzt Du am meisten?
[KICHERT WIEDER] Deutsch.

Sag mal, was ist denn für Dich eigentlich Deutschsein, bist Du ein deutsches Kind?
Ja.

Was heißt denn das?
Hm, die Sprache Deutsch.

Sind bei Dir in der Klasse nur deutsche Kinder?
Nee, drei Kinder sind nur aus Deutschland.

Hm, und gibt es da einen Unterschied unter euch Kindern?
Die sprechen ein bisschen anders, können die Wörter noch nicht so gut und schreiben halt auch anders, eine andere Schrift haben die.

Eine andere Schrift haben die? Aha, was ist denn an der Schrift anders?
Bei der Schreibschrift, da machen die immer, also, jeden Buchstaben machen die auseinander. Bei Schreibschrift schreibt man das eigentlich zusammen, aber die machen jeden Buchstabe als Schreibschriftbuchstabe, aber auseinander.

Mhm, und Du meinst das hängt damit zusammen, dass sie nicht deutsch sind?
Weiß ich nicht. Die Eltern von den Kindern machen das auch manchmal – seh ich.

Wo siehst Du denn das?
Bei so nem Elternbrief, den sie unterschreiben.

Aha. Also gut. Wie ist das für Dich, wenn Du sagst, da sind drei Kinder aus Deutschland?
Ich find das eigentlich nicht schlimm. Die könnten mir ja andere Sprachen beibringen.

isst gern:
Pizza, Spaghetti, Lasagne

schaut gern:
Sponge Bob, Lillyfee, Emilie Erdbeer

mag gern:
Tischtennis

wäre später gern:
Tierärztin

Feride

Geht in die zweite Klasse / Geburtsland: Österreich / Staatsangehörigkeit: Deutsch / Sprachen: Deutsch und Türkisch

Feride, gibt es etwas, das Du in der Schule nicht so gerne magst?
Ja, wenn jemand mich so ärgert.

Hm, und ein Unterrichtsfach?
Nein, gibt's nicht, ich mag alles. [MACHT FAXEN VOR DER VIDEOKAMERA]

Gibt es etwas, das Du gern verändern möchtest?
Ja. [KICHERT] Ich muss immer morgens aufstehen, also, dass die Schule immer nachmittags anfängt.

Aha, Du möchtest nicht so früh aufstehen – das versteh ich gut, das geht mir genauso.
[KICHERT VERSCHWÖRERISCH]

Gibt es denn ein Land, in das Du besonders gerne in Urlaub fährst?
Ja, Italien und Frankreich, da war ich schon mal.

Toll. Hast Du auch eine Lieblingssprache? Es gibt ja so viele auf der Welt.
Ja, Englisch, Türkisch, Deutsch.

Sprichst Du diese drei Sprachen auch?
Englisch kann ich ein bisschen, Deutsch kann ich und Türkisch – manchmal bleib ich hängen, weil manche Wörter weiß ich auch nicht, was die bedeuten. Ich bin Türkin, aber ich versteh manche Wörter nicht.

Mit wem sprichst Du denn Türkisch?
Mit meiner Mutter, aber nicht so oft, manchmal reden wir auch Deutsch.

Und welche von den drei Sprachen benutzt Du am allermeisten?
Deutsch.

Hast Du noch Geschwister eigentlich?
Ich? Nur stief.

Wie sprichst Du mit denen?
Manchmal Türkisch, manchmal Deutsch.

Mhm, und mit Deinen Freundinnen und Freunden?
Auch wenn die Türken sind, immer Deutsch.

Sag mal Feride, hast Du schon einen Pass?
Ja, so ein roter. Aber ein deutscher.

Würdest Du sagen, Du bist Deutsche?
Ich bin Türke.

Mhm, warum?
Was warum?

Also Du hast einen deutschen Pass, gehst in Deutschland zur Schule und sagst Du bist Türkin.
Ja, ich bin ein Türke.

Was ist denn ein Türke? Wie ist denn jemand, der Türke ist?
Ich bin Türkin. [SIE SINGT DIESEN SATZ]

Was ist der Unterschied zwischen Deutsch und Türkisch?
Eine andere Sprache.

Mhm. Was glaubst Du denn, was ich bin?
Ich weiß es nicht.

Wie seh ich denn aus?
Wie eine Deutsche.

Ja?
Ja. [ZWEIFELT] Du? [LEGT DEN KOPF SCHRÄG] Sag die Wahrheit!

[LACHT] Ich hab eine italienische Mutter und einen deutschen Papa.
[STAUNT] Wie jetzt?

Ja.
Du bist also italienisch?

isst gern:
Nudeln mit Joghurt

schaut gern:
Sponge Bob und Winx Club

mag gern:
Schwimmen

wäre später gern:
Rechtsanwältin

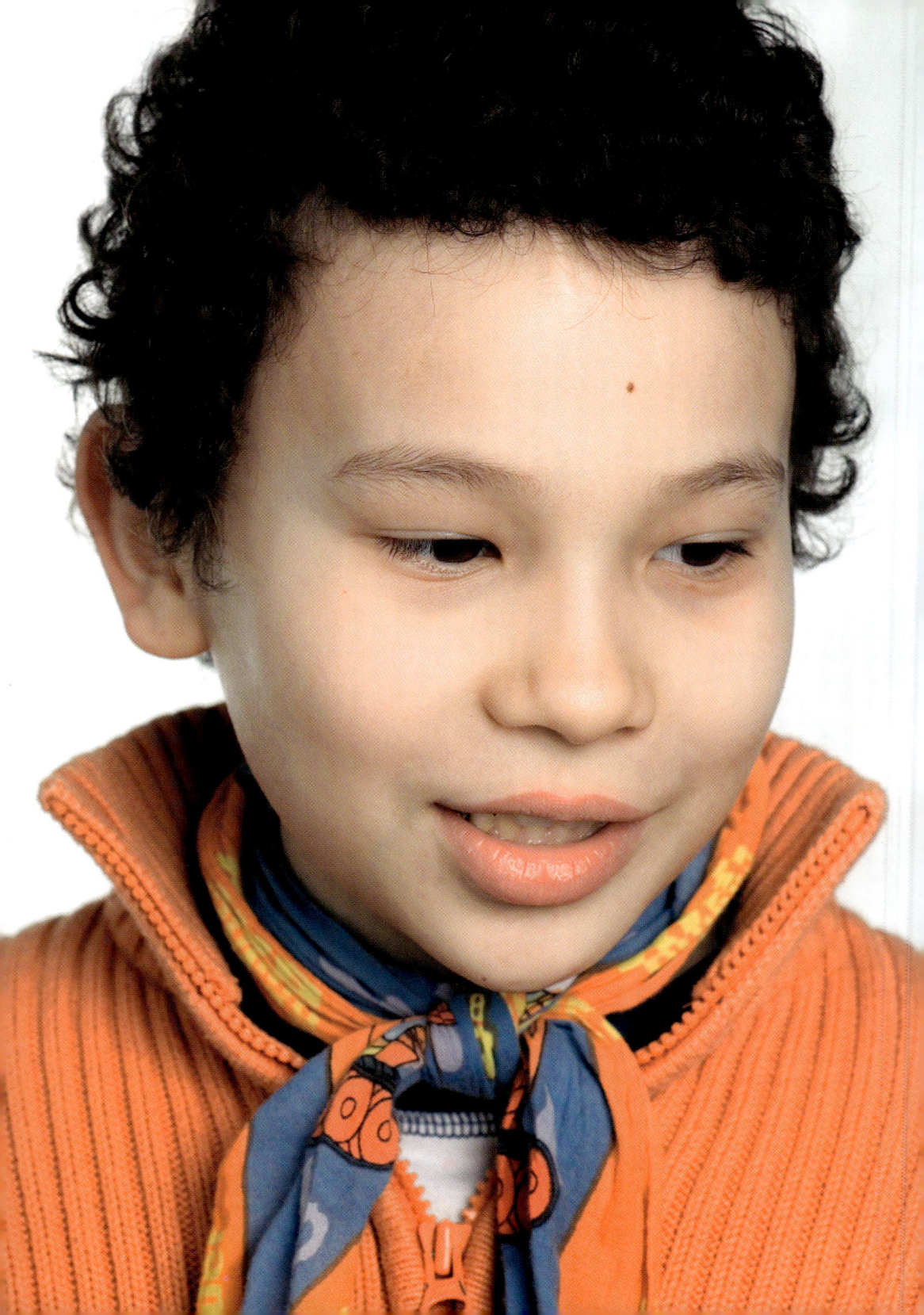

Ramcess

Geht in die erste Klasse / Geburtsland: er glaubt Deutschland / Staatsangehörigkeit: Deutsch, Kolumbianisch / Sprachen: Deutsch, Spanisch

Ramcess, was gefällt Dir denn am besten in der Schule?
Mathe und Schreiben.

Wow. Liest Du auch gerne, guckst Du Dir gerne Bücher an?
[NICKT MIT DEM KOPF] Harry Potter.

Mhm, sag mal, sprichst Du eigentlich mehrere Sprachen?
Deutsch und Spanisch.

Sprichst Du oft Spanisch?
Nur zu Hause mit meiner Mutter.

Welches ist denn Deine liebste Sprache?
Deutsch.

Und welche kannst Du am besten?
Deutsch.

Hm, und welche benutzt Du am allermeisten?
Deutsch. [DIE ANTWORTEN KOMMEN IM STAKKATO]

[LACHT] Auch Deutsch. [ÜBERLEGT EINEN MOMENT] Ramcess, es gibt auf der Welt so viele Sprachen, gibt es denn eine davon, die Du gerne noch lernen möchtest?
Ja, Chinesisch.

Ah ja, und was gefällt Dir daran?
Nein, Türkisch.

Und was gefällt Dir daran besonders gut?
[WINKT AB] Nein, ich mag eigentlich alle Sprachen.

[SCHMUNZELT VOR SICH HIN] Und möchtest Du die auch alle lernen?
[BEJAHT KOPFNICKEND]

Sag, und in welcher Stadt wurdest Du geboren?
Ich glaub, hier in Deutschland.

Ok, weißt Du denn, ob Du einen Reisepass hast oder einen Ausweis?
Ja, ich hab ein deutschen und ein kolumbianischen.

Und wie würdest Du Dich selbst bezeichnen?
Als Kind.

Als Kind. [SCHMUNZELT]
Eigentlich will ich Superman sein, dann würde ich fliegen.

Das wär schick, das würd mir auch gut gefallen. Ich meinte jetzt aber mehr so – bist Du ein deutsches Kind?
Ja. Manche nennen mich deutsche Kartoffel.

Wer nennt Dich so?
Mein Bruder.

Deutsche Kartoffel, aha, und wie findest Du das?
Nich gut, das hass ich. Ich will keine deutsche Kartoffel sein.

Hast Du denn eine Idee, was ein Deutscher überhaupt ist? Wie ist jemand, der deutsch ist?
Gut.

Ja, aber woran erkennt man denn, ob jemand Deutsch ist?
Wie man redet – Deutsch. Und wenn die kein kolumbianisches Geld nehmen. Nur deutsches Geld.

Interessant, Ramcess, hast Du auch schon eine Idee, wo Du mal wohnen möchtest?
Hier in Deutschland.

---

isst gern:
Corn Flakes

schaut gern:
Sponge Bob

mag gern:
Häuser bauen im Hort

wäre später gern:
Zahnarzt

Nezrina

Geht in die zweite Klasse / Geburtsland: Deutschland / Staatsangehörigkeit: Deutsch / Sprachen: Deutsch, Montenegrinisch

Nezrina, gehst Du gerne zur Schule?
Ja.

Gibt es denn irgendetwas, das Du in der Schule verändern möchtest?
Ja.

Was würdest Du denn gerne verändern?
Dass es öfter Kunst gibt und öfter Mathe.

Mhm, damit sind wir auch schon bei Deinen Lieblingsfächern – die sind dann?
Kunst, Mathe und Sport.

Gibt es auch Fächer, die Du nicht so magst?
Deutsch.

Warum?
Ich mag das irgendwie nicht.

Was gefällt Dir nicht so gut daran?
Alles.

Magst Du nicht gerne lesen und schreiben?
Lesen ja, aber schreiben nicht.

[SCHMUNZELT] Möchtest Du später nicht mal gerne jemandem einen Brief oder eine Email schreiben?
Doch, aber halt nicht jeden Tag Deutsch machen.

Ok, gibt es denn ein Land, in das Du besonders gerne in Urlaub fährst?
In Montenegro.

Nach Montenegro fährst Du gerne – warst Du da schon?
Ganz oft.

Mhm, und warum fährst Du da so gerne hin?
Dort ist ein großes Meer und wir haben dort ein riesiges Haus und ein riesigen Garten und dort gibt's so viele Sachen und die Stadt ist fast neben unserm Haus, ja, und wir wohnen alle nebenander: Meine Oma, mein Opa und meine Tante.

Toll, und Du auch, super. [ÜBERLEGT KURZ] Nezrina, auf der Welt gibt es ja ganz viele Sprachen, gibt's denn eine, die Du ganz besonders toll findest, die Du gerne noch lernen möchtest?
Ich kann eine ziemlich gut.

Ja?
Ehm, Montenegrinisch.

Aha. Gibt es denn eine außer Montenegrinisch, die Du...
Deutsch.

...gerne noch lernen möchtest?
Englisch.

Mhm, wenn wir jetzt schon bei den Sprachen sind, welche Sprache kannst Du denn am besten?
Montenegrinisch.

Kannst Du besser als Deutsch?
Ja.

O.k. und welche Sprache sprichst Du am häufigsten?
Deutsch.

Hm, interessant, und welches ist Dein größter Wunsch?
Ehm, Malerin zu werden.

Nezrina, hast Du vielleicht eine Traumvorstellung, wie und wo Du später mal wohnen möchtest?
Ich will in Paris wohnen. Da will ich ein ganz großes Haus haben.

Dann musst Du aber gute Bilder malen. [LACHT]
Ja. [LACHT MIT]

isst gern:
Salat
schaut gern:
alles bei Nick
mag gern:
Malen,
Fußballspielen,
Rausgehen
wäre später gern:
Malerin

»Gleich eine Antwort zu finden, ist für mich nicht möglich –
am besten, man stellt eine Frage. Als ich dann die Antworten der Kinder las,
hab ich mich nicht nur als Kind darin wiedergefunden,
sondern auch als Erwachsener.«

Feridun Zaimoglu
Schriftsteller und Maler

Geburtsland: Türkei / Staatsangehörigkeit: Deutsch / Sprachen: Deutsch, Türkisch, Englisch, Französisch

Feridun, ich freue mich sehr darüber, dass Du Dich mit mir über Kindheit, Sprachen und die Kinder Deutschlands unterhältst. Warum glaubst Du habe ich ausgerechnet Dich darum gebeten? Vielleicht hast Du geahnt, dass ich es gerne mache. Ich bewege mich ja nun in der Erwachsenenwelt und das ist natürlich ein einziges Dickicht. Ich werde zu Phänomenen unserer Zeit befragt. Ich gebe Antworten und versuche dabei immer wieder darauf hinzuweisen, dass man sich vielleicht um Detailaufnahmen bemühen muss, dass man mit den Menschen sprechen muss, dass man, bevor man überhaupt Thesen aufstellt, diese vielleicht erst auf ihre Tauglichkeit hin abklopft. Vielleicht hast Du geahnt, dass es mir darum geht, nicht so sehr Kollektive, nicht so sehr Gruppen, nicht so sehr das große Ganze auf Begriffe zu bringen, sondern auch darum, einzelne Personen zu Wort kommen zu lassen. Ich habe Dir dann ja auch, nach Durchsicht der Gespräche mit den Kindern, sehr schnell gesagt, dass mir das sehr, sehr gut gefällt. [LÄCHELT UND ZÜNDET SICH EINE ZIGARETTE AN] Warum? Weil Du Dich Ihnen unbekümmert annäherst. Du stellst Ihnen Fragen, genauso wie Kinder, wenn sie die Augen aufreißen und sie verwundert sind, auch Fragen stellen. Das ist auch meine Art. Nicht etwas als gegeben anzunehmen. Gleich eine Antwort zu finden ist für mich nicht möglich – am besten, man stellt eine Frage: An ein Kind, an einen Erwachsenen, an eine Schneiderin, an eine Gläubige und so weiter. Du hast vielleicht geahnt, dass mir Dein Anliegen und Dein Projekt gefallen würden.

In welcher Weise haben Dich denn die Antworten der Kinder persönlich betroffen? Betroffen im Sinne von berührt auf der einen Seite, aber eben möglicherweise auch im Sinne von Erinnerungen, die sie bei Dir wachgerufen haben. Hast Du, mit Blick auf Deine eigene Biografie, Antworten erkannt, die Du als Kind vielleicht auch so gegeben hättest? Welchen emotionalen Bezug hast Du zu diesen Antworten der Kinder? Hätte man mich, der ich sechs Jahre alt war, als ich dann tatsächlich in die deutsche Grundschule kam, sieben Jahre, Entschuldigung, ich wurde in der Türkei eingeschult und kam dann hier in die dritte Klasse, hätte man mir also damals folgende Frage gestellt: Was ist das Beste für Dich? Dann hätte ich gesagt, das Weltbeste ist Türkisch. Ich bin ja mitgebracht worden in ein fremdes Land und ich bewegte mich nicht unter meinesgleichen. In meiner Kinderwelt waren damals die Deutschen Fremde. So hab ich das gesehen. Nicht ich bin fremd, sondern in meiner Kinderwelt, in diesem seltsamen Zaubergarten, waren diese fremden Kinder für mich sehr, sehr eigenartig. In den Antworten der Kinder, mit denen Du Dich unterhalten hast, hab ich eben jene Antworten wieder gefunden, die ich damals auch hätte geben können. Also, man hat mich ja auch gefragt, ob das die Lehrerin war, ob das die Tante-Emma-Ladenbesitzerin war, man hat mich ja auch immer wieder als Kind gefragt, na, wo kommst Du denn her, was machen denn Deine Eltern? Dann hab ich gesagt: Meine Eltern machen Hause. Und das klang für mich völlig normal, weil, es gab das Haus und es gab die

31

Schule. Hätte man mich gefragt, was macht Deine Lehrerin, dann hätte ich gesagt, meine Lehrerin macht Schule. Das Wort »machen« war sehr wichtig. Das war auch eines der ersten deutschen Worte. »Machen« hat für mich etwas sehr Wichtiges bedeutet. So, als ich dann die Antworten der Kinder las, hab ich mich nicht nur als Kind darin wiedergefunden, sondern auch jetzt als Erwachsener. Ich hatte beim Lesen sofort Bilder aus der Zeit meiner Kindheit.

Was Dich aber von vielen Kindern, die ich hier befragt habe, unterscheidet ist, dass Du als Sechs- oder Siebenjähriger mit Deinen Eltern sozusagen in das deutsche Land gekommen bist, während ganz viele der Kinder in diesem Buch ja schon hier geboren wurden.

Da ist kein so großer Unterschied deswegen, weil ich ja mit fünf bis sechs Monaten schon nach Deutschland mitgenommen wurde. Aber an die ersten viereinhalb Jahre in Berlin West kann ich mich nicht erinnern. Meine Eltern sind dann wieder in die Türkei zurückgefahren und haben es dort, wie sie sagen, nur zwei bis drei Jahre ausgehalten und sind wieder zurückgekommen nach Deutschland. Was mich vielleicht unterscheidet, sind die vielen Umzüge, die ich als Kind erlebt habe. Es ging immer hin und her, nicht nur zwischen der Türkei und Deutschland, sondern meine Eltern haben sich sehr schnell gelangweilt, [LACHT] also, sie zogen dann auch innerhalb einer Stadt um. Aber ich war, bis auf diese zwei Jahre in der türkischen Grundschule, also war ich ja schon in Deutschland. [ÜBERLEGT NOCH EINEN MOMENT] Na ja, unbewusst sind das vielleicht schon so entscheidende zwei Jahre. [SCHWEIFT GEDANKLICH AB]

Also, Du bist als sechs Monate altes Baby mit Deinen Eltern nach Deutschland gekommen und hast dann bis zu Deinem vierten Lebensjahr mit ihnen in Berlin gelebt. Warst Du nicht im Kindergarten?

Ich glaube nicht, nein, nicht im Kindergarten. Meine Mutter war ja Putzfrau in einem Gastarbeiterwohnheim für Frauen. Sie, aber auch die anderen Frauen, haben auf mich aufgepasst, aber vor allem war es meine Mutter. Ich war nicht im Kindergarten. Es hieß dann, ich gebe meinen Sohn ganz sicher nicht weg. Ich war unter Frauen, ich war ständig unter Frauen. [LACHT] Gastarbeiterinnen der ersten Generation, damals ja alle blutjung. [GIESST SICH EINEN KAFFEE EIN]

»Ich kam damals in die Schule und konnte vielleicht 20 deutsche Wörter, mehr nicht. Ich hab nichts verstanden.«

Du hast gesagt, Du wurdest in der Türkei eingeschult, aber diese erste Phase des Sprechenlernens, die hat in diesem Gastarbeiterheim stattgefunden – auf Türkisch?

Mit viereinhalb Jahren hatte ich vielleicht ein paar deutsche Worte aufgeschnappt, aber ich stand ja unter der Obhut meiner Mutter und der anderen Gastarbeiterinnen, die ja auch nur ein paar Brocken Deutsch beherrschten. Das Deutsch, das ich da eventuell gelernt habe, das bezog sich auf die paar deutschen Worte aus dem Munde der Gastarbeiterinnen.

Mhm, und dann bist Du zwei Jahre in die türkische Grundschule gegangen und kamst dann in die dritte Klasse in Deutschland. Wie war das?

Es war eine sehr einprägsame Zeit. Ich kam damals da in die Schule und konnte vielleicht 20 deutsche Wörter, mehr nicht. Ich hab nichts verstanden. Wenn man nicht fließend sprechen kann, dann stockt man. [STREICHT SICH NACHDENKLICH ÜBER DEN KOPF] Man schweigt lieber, als sich zu blamieren. Das bedeutete, dass ich im Klassenzimmer der Einzige war, der geschwiegen hat, so eisern geschwiegen, um nicht unangenehm aufzufallen. Es war wie in einem Kinderbuch, es gab tatsächlich ein rothaariges Mädchen mit Zöpfen, es gab tatsächlich einen dicken Jungen, es gab also jene, die ständig gehänselt worden sind. Aber ich war der eigentliche Ausnahmefall, die anderen konnten ja reden, die konnten ja mithalten. Ich konnte ja nicht mal sagen, dass ich das jetzt blöde finde, ich konnte ja gar nichts. Und wenn dann plötzlich so ein glühender Junge an der Tafel steht, mit der Kreide in der Hand und gar nicht verstanden hat, was die Lehrerin möchte, was macht da dieser glühende Junge? Ich habe gedacht, ich kenne die Worte nicht, um mich zu erklären, also habe ich eine Sonne und eine Heizung gezeichnet.

Warum?

Um in Bildern mitzuteilen, dass ich glühe wie bescheuert.

Hat das jemand verstanden?

Nee, es gab Gelächter, aber es war nicht unangenehm. [VERWEILT EINEN MOMENT IN DER ERINNERUNG] Weißt Du, es war ein Erfolgserlebnis, ich hatte mich ihnen schließlich nicht verweigert. Ich kann mich ja daran erinnern, weil das Bilder waren, die ich nicht vergessen kann, die sehr wichtig sind.

Zum ersten Mal an der Tafel zu stehen. Ich verstehe die hübsche Lehrerin nicht, ich stehe auch vor den schönen Mädchen und vor den Jungs, so, und ich wollte mithalten. Sie haben das überhaupt nicht verstanden, aber dann im Pausenhof weiß ich noch, wie ich in die Mitte eines Kreises genommen worden bin und die haben gelächelt. Man guckt ja, wie die Gesichter sind, die haben gelächelt. [LACHT AUF] Und ich hab nichts verstanden.

»Du fliegst aus dem Klassenzimmer raus, wenn Du nicht Deutsch lernst, aber ich setze mich nachmittags mit Dir hin und wir üben.«

Hast Du von der Schule eine besondere Unterstützung erfahren, was die Sprache betrifft?
Ja, von meiner Lehrerin, Frau Streibl (Name geändert, Anm. d. A.), Frau Streibl war eine wunderbare strenge Frau. Sie war zwar die Lehrerin, aber sie mochte mich. Wenn mir dann morgens eine Haarsträhne vom Kopf stand, ich hab immer so wild geschlafen, dann hat sie versucht, mir die Strähne wieder in das Haar zu streichen. [LÄCHELT VERSONNEN] Weißt Du, das war schön, sie hat sich gekümmert. Es stand immer mindestens eine Strähne ab, obwohl mich meine Mutter zu Hause natürlich gescheitelt und gekämmt hatte.

Das ist wirklich rührend, und wie war das mit der Sprache?
Sehr schnell habe ich sie verstanden, sie hat mir gestisch und mit dem, was ich verstand, bedeutet, Du fliegst aus dem Klassenzimmer raus, wenn Du nicht Deutsch lernst, aber ich setze mich nachmittags mit Dir hin und wir üben.

Sie hat sich nach der Schule mit Dir hingesetzt und Dir Deutsch beigebracht?
Hat sie. Meine Eltern liebten sie und fanden das wunderbar.

Warst Du denn der Einzige in der Klasse?
Ich war der Einzige.

Und Deine Eltern, haben sie auch Deutsch gelernt?
Sie haben sich sehr bemüht. Mein Vater kam zum ersten Mal 1962 nach Deutschland, nach Ludwigshafen, um da ein Praktikum für Methoden der Lederverarbeitung zu machen. Sie sind beide sehr neugierige, sehr lebenslustige Menschen.

Haben Deine Eltern Kurse besucht?
Sie haben Kurse besucht und selbst zu Hause in Wörterbüchern nachgeschlagen. Also meine Mutter wollte Frauenzeit-

schriften lesen. Sie wollte es nicht nur ansehen, sondern auch verstehen. Dann hat sie erst mal meinen Vater gefragt, weil sie vieles nicht verstand. Mein Vater war derjenige, den wir in der Familie alle gefragt haben, er konnte schon.

Er konnte schon Deutsch?
Er konnte schon Deutsch sprechen, mit einem krachenden slawischen Akzent. Er konnte sich unterhalten und ich habe ihn immer mit offenem Mund dabei beobachtet, wie er spricht und man versteht es nicht. Wenn er Türkisch sprach, war das ja für mich als Kind selbstverständlich, aber plötzlich sprach er in meiner Wahrnehmung genauso fließend und dann aber Deutsch. Später habe ich dann natürlich mitgekriegt, dass er viele Fehler gemacht hat, aber das machte nichts.

Aber er war schon ein Vorbild, er war motivierend für Dich?
Ich glaube, damit hat es nichts zu tun. Stell Dir vor, der Fernseher geht an, Cowboyfilm, wilder Western, so, und ich will es verstehen und dann hab ich meinen Vater immer gefragt. An ihn hielt ich mich, weil dann verstand ich plötzlich, dann verstand ich die Bilder. Und ich merkte mit jedem Wort, mit jedem Satz sehe ich mehr. Es ging mir erst mal nicht darum, fließend zu sprechen, sondern zu verstehen. Ich verstand plötzlich. [ÜBERLEGT EINEN MOMENT] Ich ging in diesen Tante-Emma-Laden, meine Eltern hatten gesagt, Du musst dahin gehen, auf Türkisch haben sie mir gesagt, wir brauchen Brot.

Also Du und Deine Eltern, Ihr habt miteinander Türkisch gesprochen?
Ja, immer Türkisch.

Und Du und Deine Schwester, Ihr zwei untereinander?
Erstmal Türkisch, aber sehr schnell dann Deutsch.

**»Unser Alltag war Deutsch.
Die Sprache unseres Alltags war Deutsch.«**

Deine Schwester war in der gleichen Situation wie Du, also sie hat auch erst Türkisch gelernt und kam dann in die zweite Klasse nach Deutschland?
Ja genau, aber sie hat viel früher Deutsch reden gelernt als ich.

Hast du denn eine Erinnerung daran, wann und warum Ihr begonnen habt Deutsch miteinander zu reden? War das noch während der Grundschulzeit?

Ja, ja, ja, weil, was sahen wir? Womit waren wir umgeben? Was waren die Spiele? Weißt Du, das war das, was uns interessierte, und wir konnten uns darüber unterhalten. Also ich habe ja nicht auf Türkisch die Spiele benannt. Ich habe gesagt, wir spielen jetzt Cowboy und Indianer, auf Deutsch, und sie wusste es sofort. Wir benutzten das deutsche Wort für Sparschwein. Sie hatte eines und ich hatte eines, so, und zunächst einmal waren die türkischen Sätze gespickt mit deutschen Worten. Dann tauchte also plötzlich das deutsche Wort Sparschwein auf, oder ins Bett gehen. Ein wichtiges Wort für mich war auch Adamsapfel. Weißt Du, für das, was wir erlebten gab es deutsche Begriffe.

Ja klar, allein der gesamte Schulalltag.
Genau, also haben wir natürlich angefangen zu mischen. Danach sind wir übergegangen, weil das viel leichter war, also es war viel leichter, Deutsch zu sprechen.

Und die Eltern? Haben sie das mitvollzogen?
Sie haben sich mit uns weiter auf Türkisch unterhalten.

Wenn Ihr den Eltern etwas aus der Schule berichtet habt, in welcher Sprache habt Ihr das dann getan?
Dann haben wir versucht Türkisch zu reden, weil für sie war Folgendes wichtig: wir sollten deutsche Freunde haben, keine türkischen, aber Sprachverlust fanden sie auch schlecht. Wir sollten also in der Schule und draußen Deutsch lernen. Aber zu Hause haben sie sich bewusst auf Türkisch mit uns unterhalten, weil sie sahen, aha, mein Gott, sie unterhalten sich jetzt auf Deutsch miteinander. Sie wollten ja, dass wir das Türkisch nicht verlernen. Wenn sie gesehen hätten, dass wir große Probleme mit Deutsch haben, dann hätten sie sich bemüht, ich kenne sie, sich auch zu Hause einigermaßen auf Deutsch zu unterhalten. [HÄLT INNE UND MALT KLEINE SKIZZEN AUF EINEN BRIEFUMSCHLAG] Wichtig war für sie natürlich, wie ist es mit den Hausaufgaben. Meine Mutter ist eine sehr kluge Frau und sie konnte uns helfen. Das Gute war, dass wir ihnen auch erst mal auf Türkisch erzählen mussten, worum es da ging. Allerdings, weil wir dann auf Türkisch nicht weiterkamen, auch auf Deutsch, so hat sie von uns auch deutsche Worte aufgeschnappt. Was hat sie gemacht? Jeder von uns bemühte sich, Deutsch zu sprechen. Sie ist zu den Nachbarinnen gegangen, sie ist zur Kassiererin gegangen, es fiel ihr nicht ein, diese türkische Art zu verlernen, sich zu unterhalten. Man geht zum Einkaufen und unterhält sich natürlich. Das mochte sie. Das konnte sie aber jetzt in diesem neuen Land nur auf

Deutsch. Also hat sie Kurse belegt. Deshalb sage ich auch, Isolation ist Gift. Was wir, jedes Familienmitglied für sich, erfahren haben, ist aus der Unlust nicht mitreden zu können entstanden. Jeder von uns hat Anstrengungen unternommen, war bemüht, dann doch mitzuspielen.

Ich würde in diesem Zusammenhang ganz gerne einen Bezug zu dem herstellen, was viele Kinder hier in den Gesprächen sagen. Sie berichten im Grunde häufig etwas Ähnliches, etwas, wie Du es auch formuliert hast, nämlich, dass die Eltern in vielen Fällen nicht Deutsch mit den Kindern sprechen und dass die Kinder ihnen dann auch in der jeweiligen Familiensprache antworten, dass sie aber untereinander meist Deutsch reden und dass auch die Geschwister untereinander meist Deutsch sprechen. Und auf die Frage, wie sie ihre eigene Kompetenz einschätzen oftmals sagen, dass sie subjektiv Deutsch besser beherrschen als die Sprache ihrer Eltern oder eines ihrer Elternteile. Wie würdest Du das denn für Dich sehen?
Sowohl meine Schwester als auch ich haben relativ schnell Deutsch gelernt. Unser Alltag war Deutsch. Die Sprache unseres Alltags war Deutsch. Was uns umgab, was uns berührte, was uns ansprach, was uns kümmerte, war Deutsch. Sehr schnell verblasste das Türkische.

Welchen Stellenwert hatte das Türkische denn für Dich emotional?
Na, also das Türkische verblasste, weißt Du, immer mehr. [STÜTZT SEINEN KOPF AUF BEIDE HÄNDE UND SCHAUT AUS DEM FENSTER] Aber eine Zeit lang lebte bei uns auch meine Großmutter, die Mutter meiner Mutter. Sie sprach mit uns Türkisch, aber sie sprach auf eine sehr märchenhafte Weise. Sie sprach von der alten Welt in Tschetschenien, von dem alten Leben. Sie kam mit altertümlichen Redewendungen, sie kam mit Versen aus dem Koran, sie kam mit überlieferten Weisheiten. Das war ein ganz besonderes Türkisch, das war nicht das moderne Türkisch, das war dieses zauberhafte Türkisch. Ich mochte dieses Türkisch sehr.

»Wir mussten uns mit der bürgerlichen Verfasstheit dieser Gesellschaft vertraut machen. Das bedeutet mindestens eine genau solche Anstrengung, wie der Spracherwerb.«

Feridun, Du hast Dich intensiv mit Sprache auseinanderge-

setzt und bist vor einigen Jahren so weit gegangen, offensiv
eine bestimmte Art von Sprache aufzugreifen und auch zu
verschriftlichen. Mit Kanak Sprak hast Du ja zwei Dinge
getan, Du hast auf der einen Seite einen bis dato negativ
besetzten Begriff verwendet, ganz offensiv, nämlich Kanake,
und hast ihn umfunktioniert. Du hast damit etwas, das ne-
gativ und abfällig gemeint war, das als Schimpfwort gemeint
war, selbstbewusst ins Positive umgemünzt. Das Zweite was
Du getan hast, Du hast einen Begriff für eine neue Sprache
geschaffen, nämlich Kanak Sprak.
Ja.

Wie kam es dazu?
Man spricht ja von Kindern aus bildungsfernen Schichten. Da
muss ich auch zuerst einmal darauf hinweisen, dass ich aus
der Unterschicht komme.

Was genau meinst Du damit?
Na ja, also Unterschicht heißt, dass meine Eltern Arbeiter
waren, dass sie nicht Bürgerliche waren. Damit einhergehend
ist natürlich der Umstand, dass sowohl meine Schwester als
auch ich gewissermaßen bei null anfingen. Bei null anfangen
bedeutet, jetzt nicht in einem fremden Land die Sprache neu
zu lernen, sich dann die Umgangsformen und neue Geläufig-
keiten zu erarbeiten, sondern vielmehr, und das wird leider
Gottes immer wieder vernachlässigt, das heißt auch, dass
man in all den Jahren zu Hause nicht die geforderte Bildung
abgekriegt hat. Bürgerliche Verhaltensformen waren uns ja
so nicht vertraut. Wir mussten uns also mit der bürgerlichen
Welt, mit der bürgerlichen Verfasstheit dieser Gesellschaft
vertraut machen. Das bedeutet mindestens eine genau solche
Anstrengung, wie der Spracherwerb. Wir mussten uns an
eine bestimmte Ordnung gewöhnen. Diese Ordnung hatte
mit Erziehungsmaßnahmen zu tun. Wir hatten zu Hause keine
Bücher in den Regalen, nur einige wenige, ein paar Nach-
schlagewerke, aber keine wirkliche Bibliothek. Es herrschte
gemäß der Arbeitermoral die große Anstrengung, der Hinweis
darauf, Ihr sollt es besser haben als wir. Wollt Ihr leben wie
wir? Schaut hin, wollt Ihr Euch den Rücken krumm machen?
Nein, Ihr sollt es besser haben als wir. Wie geht das? Indem
Ihr in die Schule geht. Wie geht das? Indem Ihr gute Noten
nach Hause bringt. Wie geht das? Indem Ihr auf's Gymnasium
kommt.

Daraus spricht eine große Wertschätzung von Bildung und
gesellschaftlichem Fortkommen durch Deine Eltern.

Unbedingt. Bildung war notwendig für den gesellschaftlichen
Aufstieg. Es war ganz einfach: wenn wir kein Abitur haben,
nicht auf das Gymnasium kommen, kommen wir auch nicht
sehr weit. Aus der eigenen Anschauung um die Drecksarbeit
wollten sie, dass wir es besser haben. Bildung war dafür
der Schlüssel. Die Wertschätzung der Bildung kam daher.
So, wieso erwähne ich das? Also ich bin ja nicht schizophren
gewesen oder geworden, ich bin ja nicht verrückt geworden,
weil ich mich in verschiedenen Welten bewegt habe – so wird
es ja immer gerne gesagt. Weil meine Eltern so klar waren,
haben sie mir auch diese Klarheit vermittelt.

Und Kanak Sprak?
Halt, dazu komme ich jetzt. Das heißt, ich habe aufgrund
dieser sozialen Herkunft meiner Eltern und aufgrund aber
auch dieser harten Erziehung, die wir genossen haben, meine
Schwester und ich, und aufgrund der großen Erwartungen
und Anforderungen, haben wir es sehr schnell gelernt, uns
in verschiedenen Milieus zu bewegen. Was meine ich mit
Milieu? Das war die Schule, das war das Klassenzimmer,
das war der Pausenhof, es waren die deutschen Freunde, es
waren die Erwachsenen, es waren die Respektpersonen, es
war der Supermarkt und zu Hause. Das alles, das waren alles
kleine Miniwelten, in denen man sich auf eine bestimmte Art
und Weise zu verhalten hatte. Und ein Milieu, ein Milieu war
dann für mich auch diese so genannte Kanakenwelt.

Was genau ist die Kanakenwelt?
Sie besteht aus sehr, sehr vielen Orten und Schauplätzen.

Und die Menschen? Um die geht es ja vor allem.
Gemischt, gemischt. Wir hatten wenig Geld und es waren
Deutschstämmige, Albanischstämmige, Kroatischstämmige,
Türkischstämmige, Kurdischstämmige – ein Haufen. Wir
bildeten einen Haufen.

Was genau ist daran das Kanakenspezifische?
So, man spricht auf eine besondere Art und Weise. Die
Deutschen lernten von uns dann bestimmte türkische
Begriffe, also man fluchte, man unterhielt sich. Das waren
ja alles Unterschichtler, die Deutschstämmigen waren ja
auch so, also Arbeitersöhne oder wenn's hochkam Söhne von
Lebensmittelladenbesitzern. [ZÜNDET SICH UNGEFÄHR DIE ZEHNTE
ZIGARETTE AN] Es ist eine gute Frage. [HÄLT INNE] Ja, es war rüde,
es gab Schlägereien, wir haben uns sehr schnell auf eine
bestimmte Art und Weise unterhalten, nicht normal, es ging

35

darum, Geschichten zu erfinden, das waren alles Lügenge-schichten.

»Selten benutzte man mehr als drei Worte für einen Satz, oder man brach mitten im Satz ab, wie ein Gedankensprung, und fing dann in der zweiten Hälfte des nächsten Satzes an.«

Und die Sprache, wie war die?
Die Sprache, es war so eine rhythmische Sprache, weißt Du, so eine kaputte rhythmische Sprache. Es war so zerhackt. Selten benutzte man mehr als drei Worte für einen Satz, oder man brach mitten im Satz ab, wie ein Gedankensprung, und fing dann in der zweiten Hälfte des nächsten Satzes an. Es war plötzlich ein Spiel, weißt Du, das musste man ja auch beherrschen. Zwei Sätze, die erste Hälfte des ersten Satzes wurde dann hart angekittet an die zweite Hälfte des zweiten Satzes. Das beherrschten wir immer mehr. Wichtig ist, die Sprache war erst einmal Mittel für die existentiellen Lügengeschichten, die wir einander erzählt haben. Denn wir waren nichts, wir waren Leichtgewichte, wir erlebten fast gar nichts. Um aber nicht zu platzen, mussten wir uns dann diese Geschichten erzählen. Das ging nicht in normalem Deutsch. Das war dann Videothekendeutsch, das war Reklamedeutsch, also, so eine Mischung, das war Zerhacken, das war bewusstes falsches Aussprechen deutscher Worte, das war Verschleifen der Endsilben, dann so eine Atemlosigkeit.

Du hast jetzt einen weiten Bogen gespannt, hast von Milieus gesprochen, Du hast von verschiedenen Orten gesprochen, an denen Du Dich mit Deinen Jungs getroffen hast, Du hast, von Stakkato-Deutsch und von bewusst verschleiften Endsilben gesprochen...
...um Folgendes dann zu veranschaulichen: dass mir diese Sprache nicht fremd war, dass ich gewissermaßen keinen Sprachführer brauchte.

Keinen Sprachführer?
Also diese Kanak Sprak war mir geläufig, ich kannte sie. Ich wusste, dass man sich auf diese Weise unterhält. So hatte ich mich auch mit den Jungs unterhalten. Vor vielen, vielen Jahren habe ich in Kiel Gaaden Musiker kennengelernt. Ich war zu dieser Zeit eigentlich eher unglücklich, weil nicht alles so lief, wie ich es wollte, also ich malte, hatte keinen Erfolg und Medizin war nicht das, was ich studieren mochte, na ja, also,

diese Musiker waren jedenfalls Hip Hopper. Einmal saßen wir, wie fast jeden Tag, spät nachts oder besser früh morgens, in ihrem Kellerloch, das sie zu einem Studio umgebaut hatten. Plötzlich fing Ali, der Frontmann der Musikgruppe, in diesem besagten Kanak-Sprak-Stakkato an, sich wütend darüber auszulassen, dass wir alle überhaupt keine Zukunft hatten. So, wir hatten keine Zukunft mit unseren Träumen. Und Ali spricht von unseren Träumen, aber in einem harten Kanak-Stakkato. Ich war so beeindruckt, dass ich mich noch am selben Tag hingesetzt und eine Art Gedächtnisprotokoll erstellt habe, und zwar verfasst in eben diesem Jargon.

Und das war gewissermaßen die Initialzündung für Deine Arbeit zu diesem Thema?
Genau, das hat mich nicht mehr losgelassen. Dann kam mir die Idee, mit verschiedenen Leuten zu sprechen. Es waren so genannte Müllkutscher, es waren Arbeitslose, es waren Zuhälter, es waren Stricher, es waren Leute, die alle keine bürgerlichen Berufe ergriffen hatten. Ich habe ihnen dann die Frage gestellt, Mensch, wie lebt es sich denn hier als Kanake? Und sie legten dann los. Es hatte mich gepackt, ich dachte, das ist es, das ist so existentiell, das ist so dunkel, das ist so das Abseits all der schönen Plätze, ich muss das aufschreiben.

»Ich habe nie an diesen Ruhigstellungswahn geglaubt. Ein ruhiges Kind ist gleichzeitig ein nettes, ein intelligentes Kind. Das ist für mich ein Mythos.«

Aktuell arbeitest Du an einem Theaterprojekt mit Jugend-lichen an einer Gesamtschule in Hamburg. Gibt es Parallelen oder Unterschiede, die Du wahrnimmst, zwischen den Jugendlichen, mit denen Du arbeitest und dem Milieu Deiner Jugend, das Du zuvor skizziert hast?
Eigentlich unterscheiden sie sich nicht. Dieselben Probleme. Denn eine Weisheit und Erfahrungen werden nicht zwingend von einer Generation zur nächsten weiter gegeben. Das ist eine falsche Annahme. Jede Generation lebt ihr Leben. Diese Jugendlichen hier, die sind hochintelligent. Man musste ihnen nicht viel erzählen. Manchmal war das den Lehrkräften auch nicht ganz geheuer. Sie waren schließlich aber sehr begeistert darüber, wie plötzlich diese Luft aufgeladen war. Es war als würde jetzt alles auseinanderbrechen – also im

positiven Sinn. Zum Beispiel haben dann zwei eine Szene imaginiert und gespielt. Gleichzeitig hat eine junge Frau wie beiläufig am Computer das, was sie so gesagt haben, mitgeschrieben. Für einen Außenstehenden erschien das vielleicht so, als würden sie sich nicht auf die Arbeit konzentrieren, aber weit gefehlt.

Ich vermute mal, dass viele Mädchen und Jungen, mit denen Ihr dort arbeitet, eigentlich gebürtige Deutsche sind.
Es sind alles herkunftsfremde Deutsche. Sie sind alle hier geboren und aufgewachsen, sie sind Kinder Deutschlands. Sie sind deutsche Jugendliche. Das ist ihre Welt, das ist ihr Land. Außerdem kommen sie aus Arbeiterverhältnissen, aus sehr bescheidenen Verhältnissen. Das ist auch sehr wichtig. Wenn ich ehrlich sein soll, es hat nicht mal zehn Minuten gedauert, bis wir uns verstanden haben. Die Projektleiter, da waren ja einige da, fünf bis sechs Leute...

...Lehrer?
Sie sind Projektleiter, also sie sind Lehrer, aber sie führen sich nicht wie Lehrer auf, sie sind entspannter. Und die waren verwundert, wie schnell das ging, in null Komma nichts war ich jetzt der große Bruder und es brauchte keine große Rede. Ich habe mich vorgestellt, ihnen erklärt, dass es sich um eine ernste Angelegenheit handelt, dass wir nicht zum Schmusen da waren. Gleichzeitig ginge es aber darum, wie sie sich das vorstellten, dass wir gemeinsam Stücke schreiben, aus ihrer Welt. Das war's eigentlich. Um nun auf Deine Frage zurück zu kommen: Sie sind voller Leben. Sie müssen sich ständig bewegen. Sie können nicht ruhig sitzen, weil sie so voller Energie sind. Sowohl die Mädchen als auch die Jungs. Es war für mich eine Wonne zu schauen. Es war so, als hätte ich in die Steckdose gegriffen. [KIPPELT SELBST MIT DEM STUHL]

Das ist jetzt aber etwas, das von Lehrern eher als unangenehm empfunden wird.
Richtig.

So eine Hibbeligkeit, Unruhe oder Rastlosigkeit, im Sinne von nicht still halten können.
Ich habe ja nie an diesen Ruhigstellungswahn geglaubt. Ein ruhiges Kind ist gleichzeitig ein nettes, ein intelligentes Kind. Das ist für mich ein Mythos. Ich habe dann festgestellt, wie sie sehr schnell ihre Theaterszenen in den Computer gehackt haben. Man musste ihnen keine Vorgaben machen. Ich habe ihnen nur gesagt, erzählt Freunde. Was ich ihnen beibringen

musste oder verständlich machen musste war, dass das Schreiben oder die Schrift keinen Verzicht auf Lebhaftigkeit bedeutet. [NICKT ZUR BEKRÄFTIGUNG MIT DEM KOPF] Wir sind nicht da, um so genannte Kunst zu machen, sondern je mehr sie sich an Geschichten erinnern aus ihrer eigenen Welt, aus ihrer eigenen Anschauung, desto lebhafter, desto lebendiger, desto wunderbarer werden die Stücke.

»Deutschsein hat nicht mit dem Kopf zu tun, sondern mit Gefühlen, mit Gerüchen, mit Erlebnissen, mit der ersten Liebe, mit Verzweiflung in diesem Land.«

Feridun, was heißt für Dich eigentlich Deutschsein? Der Begriff Kanake, wie Du ihn im Zusammenhang mit Kanak Sprak verwendest, funktioniert ja nur, wenn es ein Pendant dazu gibt, und weil wir hier über eine Dynamik in Deutschland sprechen, wäre in diesem Fall das Pendant wohl Deutschsein, oder?
Nein, das würde ich so nicht sehen wollen. Für mich ist Kanak Sprak ein deutsches Sprachphänomen.

Ja, das stimmt.
Es ist also auch Deutsch. Es muss sich kein Gegensatzpaar herausbilden. Es ist eingebettet in das Deutsche. Nur in Deutschland ist genau das so möglich. Genau wie in Frankreich dieses Verlan*. Also ist dieses hier ein deutsches Phänomen. Das ist sehr wichtig. Man stellt sich nicht außerhalb, man spielt mit. Genau deshalb spricht man diesen Kanak-Jargon. Das ist ein ganz großer psychologischer Effekt, denn man wirft es ja auch den Jugendlichen vor, genauso wie einige mir auch vorgeworfen haben, ich würde beiseite treten, ich würde gewissermaßen nicht drin sein.

Nicht wo drin sein?
In der deutschen Gesellschaft. Also sehr schnell ist man ja dazu übergegangen, von Parallelgesellschaften zu sprechen. Wenn Du mich fragst, was ist Deutsch, stelle ich erst mal fest, ich habe ein deutsches Sprachphänomen zu Papier gebracht. Dann stelle ich fest, ich bin überhaupt nicht bereit, diese künstliche Trennung vorzunehmen, die gibt es nicht im wirklichen Leben. Wenn Du mich fragst, was ist Deutsch, dann verweise ich auf alle diese ganzen deutschen Wirklichkeiten, in denen ich steckte. Ich finde diesen Begriff Migrationshintergrund lächerlich. Ich verweise darauf, ich

hatte immer einen deutschen Vordergrund. Als Kind und als Jugendlicher hat man was vor. Man schaut geradeaus. Wenn man Angst hat, schaut man über die Schulter, ob einen jemand verfolgt. Ich verfiel aber nicht diesem Wahn, dass mich etwas verfolgt, also mein sogenannter kultureller Hintergrund. Ich bewegte mich nicht von irgendetwas weg. Ich vollzog auch keine Hinwendung zu irgendetwas. Ich bewegte mich nach vorne und mein Vordergrund war Deutsch und es war gut. Wenn ich heute wie selbstverständlich feststelle, ich bin Deutscher mit türkischen Eltern, dann verweise ich auf eine schöne deutsche Wirklichkeit. Für viele Leute ist das unverständlich. Das ist aber nicht mein Problem. Deutschsein bedeutet mein Leben, mein Alltag, meine Biografie. Deutschsein hat nicht mit dem Kopf zu tun, sondern mit Gefühlen, mit Gerüchen, mit Erlebnissen, mit der ersten Liebe, mit Verzweiflung in diesem Land. Mit den Gefühlen, die ich in diesem meinem Land erlebt habe. Also, es ist hoch emotional besetzt, wenn ich sage, ich bin Deutsch.

Wir haben das Interview von einem Mädchen, deren Eltern aus Somalia kamen.
Ja, die Süße.

Das Mädchen wurde in Deutschland geboren und spricht Deutsch. Ich habe sie gefragt, was denn wohl Deutschsein bedeute und ob sie sich selber als deutsches Kind bezeichne. Sie sagte nein. Und ich fragte sie, warum nicht? Daraufhin führte sie u. a. auch ihre Hautfarbe als Kriterium an. Sie reflektiert, dass die meisten hier eine hellere Haut haben als sie und verortet sich in diesem Zusammenhang. Also, [ÜBERLEGT KURZ] körperliche Merkmale werden ja sehr viel unmittelbarer wahrgenommen als nicht körperliche Merkmale. Insofern ist das ja durchaus ein Element, das auf den ersten Blick eine solche Unterscheidung ausmachen kann, aber ja nicht zwingend muss, was fällt Dir zu einer solchen Sequenz ein? Oder ein anderes Mädchen sagte, »wir haben halt etwas Eigenes, wir essen etwas anderes«, wie würdest Du solche Phänomene einordnen?

Ich hab so etwas auch erlebt. Ich weiß nicht recht, ob das jetzt passt, aber ich schildere mal die Situation: Es war nach dem Sportunterricht. Zweites Halbjahr, dritte Klasse, ich war relativ neu. Nach dem Sport war man gemeinsam im Umkleideraum. Aus irgendeinem Grund waren diesmal alle Jungs nackt, ich auch, und da haben sie auf meinen Unterleib geguckt. Da

war ein großer Unterschied. Dieser große Unterschied, den ich hier nicht weiter ausführen möchte, hat mich auch sehr beeindruckt. Dazu möchte ich zwei Dinge bemerken: Erstens einmal hatte ich gelernt, dass man anderen Jungs und anderen Mädchen nicht auf die sogenannten Schamstellen guckt. Das galt als ungehörig. [SCHÜRZT DIE LIPPEN] Meine Mutter hatte mir auch beigebracht, den Mädchen, wenn sie sprechen, nicht auf den Mund zu schauen oder in die Augen zu starren, das war unfein. Lieber sollte ich immer wieder mal auf den Nasenrücken blicken. Also, der erste Unterschied für mich war, dass die anderen Jungs so unverhohlen auf meine Schamstelle geglotzt haben. Dann habe ich aber auch kurz geschaut und stellte fest, Mensch, die sind anders, ich bin der Einzige, der so ist, wie ich eben bin. Das ist ein Alleinstellungsmerkmal. Nun kommt es darauf an, was man daraus macht. Das Beschneidungsfest in der Türkei war ja mit Freude verbunden, das war ein Fest, deswegen war das für mich nicht traumatisch besetzt. In der Situation nach dem Sportunterricht war allen binnen weniger Sekunden klar, dass uns etwas unterscheidet. Also kurz und gut, ob es die Hautfarbe ist, oder ein anderer körperlicher Unterschied, das beeindruckt und berührt die Beteiligten schon.

Ja, die Frage ist nur, welche Konsequenzen das auf gesellschaftlicher und individueller Ebene hat und was das für den alltäglichen Umgang damit bedeutet.
Aber noch etwas in diesem Zusammenhang, dieses Nichtsprechenkönnen während der ersten Zeit in der Schule, hat sich für mich schon angefühlt, wie eine körperliche Behinderung. Ich fühlte mich wie ein Taubstummer. Dass sie sich mit mir durch Gesten und Zeichen unterhielten, das fand ich auch sehr seltsam. Aber das hat sich ja dann mit der Zeit gegeben. Immerhin: Ich wurde nicht gehänselt.

»Es ist ein existentielles Problem. Die Alteingesessenen gegen die Fremden. Die Angst davor, dass das Vertraute zertrampelt wird.«

In den USA beispielsweise erhält jeder, der dort geboren wird, den Pass der Vereinigten Staaten von Amerika. Hier ist die Regelung eine andere. Dass also überhaupt ein Projekt wie dieses Buch entsteht, hängt ja auch damit zusammen, dass dieser Gegensatz zwischen Deutsch und Nicht-Deutsch ständig thematisiert wird.

In den USA wird dafür die Hautfarbe thematisiert. Also, was ist da nun anders?

Richtig, da hast Du recht.
Aber ich möchte auf etwas anderes hinaus. Es ist gar nicht so schlecht hier, das Multikulturelle. Es ist langwierig, es ist zäh, es gibt viele Widerstände und man möchte manchmal ausflippen, aber dennoch.

Was meinst Du jetzt genau?
Wir haben es mit Menschen zu tun, so meinte ich das mit multikulturell, also, wir haben es mit Fremden zu tun. Und der Konflikt, zwischen Alteingesessenen und Hinzugezogenen, also, diesen Konflikt hat es in jeder Gesellschaft gegeben und wird es in jeder Gesellschaft geben. Also, diese Jugendlichen in den französischen Vorstädten, die diese Aufstände organisiert haben, die haben alle einen französischen Pass.

Mhm. [NICKT BESTÄTIGEND]
Ist es jetzt damit getan? Nein, es ist ein existentielles Problem. Die Alteingesessenen gegen die Fremden. Die Angst vor Landnahme, vor Verfremdung, die Angst davor, dass das Vertraute zertrampelt wird. Das sind diese Ängste, man kann sie in feine Worte kleiden, aber diese Ängste, die gibt es ja in jeder Gesellschaft.

Du hast vorhin gesagt, als ich fragte, ob Deine Mutter Dich in den Kindergarten geschickt habe, nein, das habe sie nicht getan. Das war begleitet von dem Satz »Ich geb doch meinen Sohn nicht weg.« Hatte das etwas mit dieser Art Angst zu tun, Dich an eine Fremdwelt zu verlieren?
Nein...

...gibt es in der Türkei überhaupt eine Kindergartentradition?
Nein. Das war für sie neu. [ÜBERLEGT EINEN MOMENT] Aber später ging ich doch zum Hort, weil sie auch selber arbeiten musste. [WINKT AB] Ja, es war für sie neu. In der Türkei machen das nur die reichen Frauen. Meine Eltern hatten dieses Geld nicht. Und sie wollten es auch nicht, das war so fremd. Nee. In ihrem Verständnis ist sie die Mutter, wir sind ihre Kinder und das System gehört zusammen.

»Wenn man sich den Vorwurf einhandelt, man sei deutsch, wird es immer so klischeehaft: Sie, die sie nicht deutsch sind, sind temperamentvoll, sind lebenslustig, sie wissen, wie man das Leben so nimmt.«

Ich erinnere mich, dass meine Mutter, in der alltäglichen familiären Kommunikation bei uns zu Hause, immer wieder einmal sagte: »Du bist ja richtig typisch deutsch.« Gab es so etwas bei Euch auch?
In der Familie nicht, aber ...

...also ich beobachte das manchmal auch bei Freunden meiner Tochter, dass das durchaus in der familiären Kommunikation immer mal wieder, so als flapsige Bemerkung zwischendurch, eine Rolle spielt. Da wird dann gesagt: »Ja, ja, unser Sohn oder unsere Tochter ist gar nicht richtig italienisch, sondern ist irgendwie deutsch.«
Natürlich sagen meine Verwandten manchmal, also nicht unbedingt als Vorwurf, dass wir deutsch denken. [TIPPT SICH MIT DER HAND AN DIE STIRN] Also, mal ein ganz blödes Beispiel: [LACHT] Wenn ich meinetwegen sage, wir treffen uns um 14:00 Uhr, dann meine ich, dass man sich zwar gerne mal eine Viertelstunde Zeit lassen kann und Frauen dürfen gerne auch mal ne Halbestunde später kommen, aber ansonsten meine ich eigentlich tatsächlich 14:00 Uhr. Da wird mir dann gesagt, das sei deutsch. Aber ich halte alles andere doch für ne ziemliche Unernsthaftigkeit. Es ist einfach blöde, irgendwo zu sitzen und eine Dreiviertelstunde zu warten, um dann auch noch gesagt zu bekommen, dass man wie ein Deutscher denkt, bloß weil man denjenigen auf die Verspätung hingewiesen hat, also auch noch dafür beschimpft zu werden. [ÄRGERLICH] Auf so einen Blödsinn habe ich echt keine Lust. Weil, wenn man sich den Vorwurf einhandelt, man sei deutsch, wird es immer so klischeehaft: Sie, die sie nicht deutsch sind, sind temperamentvoll, sind lebenslustig, sie wissen, wie man das Leben so nimmt, und man selber ist eigentlich mehr oder minder so ein deutscher Verkehrspolizist oder was, man sieht es zu eng. Ich werd dann eher zornig, wenn man mich so zum Deutschen stempelt. [HÄLT INNE] Außerdem ist das für mich ja ein Kompliment und keine Beschimpfung, aber ich weiß ja, wie die das dann meinen. [SCHMUNZELT]

Mhm. Feridun, [SCHMUNZELT AUCH] bei diesem Thema ist mir gerade noch eine Interviewpassage eingefallen: die eines Jungen aus einer ersten Klasse, also ein sehr junges Schulkind, den ich im Zusammenhang mit nationaler Zugehörigkeit auch gefragt hab, ob er sich als deutsches Kind bezeichnen würde. Daraufhin er: »Ja. Manche nennen mich deutsche Kartoffel. Das hass ich.« Das geht genau in diese Richtung, die Du eben beschrieben und geschildert hast. *[ÜBERLEGT KURZ] Hast Du etwas Ähnliches als junges Kind auch erlebt?*

[ÜBERLEGT EINE GANZE WEILE] Weißt Du, bei den Verwandten und Bekannten und ehemaligen Freunden in der Türkei, bei ihnen war das so klar: Dieser Feridun Zaimoglu ist in Deutschland. Es kann nicht anders sein, als das dieses Land auf ihn abfärbt und er sich verändert. Veränderung war für sie immer eine Entfernung. Für diese Bekannten und Verwandten war ich im Grunde genommen »verloren« ab dem Moment, als es hieß, er wächst wohl in Deutschland auf.

Feridun, hast Du jemals Türkisch schreiben gelernt?
Ja, ja, aber ich kann nicht so gut Türkisch reden und schreiben wie Deutsch. Also Deutsch ist meine Muttersprache.

Hast Du während Deiner Schulzeit Türkischunterricht besucht?
Nein. *[DENKT KURZ NACH]* Dann, viele Jahre später hat meine Mutter gesagt, wir sollten uns doch ab und zu mal türkisches Fernsehen anschauen oder türkische Zeitungen lesen, weil es in ihren Ohren wehtat, wie wir Türkisch sprachen. Wir haben in fast jeden Satz mindestens einen Fehler eingebaut.

Hm, wann hat Deine Mutter das ungefähr gesagt?
Das war vor fünf oder sechs Jahren.

[SEHR ERSTAUNT] Doch so spät!
Ja, genau, als das nicht mehr zu leugnen war, dass wir wirklich wie *[SUCHT NACH EINEM GEEIGNETEN BILD]* Drittklässler Türkisch sprechen.

»Es ist die Sprache der Menschen, die ich liebe, und ich habe nicht diese Geschmeidigkeit, mich im Türkischen so auszudrücken, wie ich es gerne hätte. Schade, ich finde es wirklich sehr schade.«

Hast Du nie Sehnsucht verspürt, das besser gelernt zu haben oder das besser zu beherrschen?
Natürlich bedaure ich den Sprachverlust. Ich meine, es ist ja die Sprache meiner Eltern, es ist die Sprache des Landes meiner Eltern, es ist die Sprache der Menschen, die ich liebe, und ich habe nicht diese Geschmeidigkeit, mich im Türkischen so auszudrücken, wie ich es gerne hätte. *[SINNT DEM NACH]* Schade, ich finde es wirklich sehr schade. *[HÄLT NOCH EINEN MOMENT INNE]* Ich lese deutsche Zeitungen, ich schaue,

wenn ich überhaupt mal schaue, deutsches Fernsehen, ich unterhalte mich fast den ganzen Tag nur auf Deutsch. Was meine Schmerzen ein bisschen lindert oder was mich diesen Schmerz des Sprachverlustes vergessen lässt, ist die große Freude an dieser meiner neuen Muttersprache. Eigentlich ist es wirklich das. Ich bin entzückt, wenn ich auf etwas Neues stoße, auf ein neues deutsches Wort. Ich freue mich dann so sehr, wenn ich dann plötzlich auf eine Redewendung stoße oder auf eine alte deutsche Spruchweisheit. Aber wenn ich es so überlege, *[ÜBERLEGT EINE WEILE]* ich glaube, ich werde mal für zwei drei Monate in die Türkei fahren und mich dort einnisten, um wieder das verschüttete Sprachgut zutage zu fördern. Einiges ist abgefallen, einiges hab ich vergessen, aber ich glaube nach ein paar Wochen bin ich dann wieder soweit, dass ich aufschnappe.

Das ist ja jetzt eigentlich, also nicht direkt so gesagt, aber es ist schon ein Plädoyer dafür, dass auch die deutschen Schulen durchaus andere Sprachen unterstützen könnten, dass es jedenfalls zu begrüßen wäre.
Es herrscht der Argwohn gegenüber anderen Sprachen.

Aber nur gegenüber bestimmten anderen Sprachen, ich widerspreche. [LACHT]
Ja genau, in diesem Fall gegenüber Türkisch. Das Türkisch ist gewissermaßen die Sprache der Fremden, damit will man so wenig wie möglich zu tun haben.

Mhm.
Ich habe einen anderen Zugang, ich sage für die Zukunft der Kinder ist es lebensnotwendig, ja lebensentscheidend, dass sie richtig Deutsch lernen. Richtiges gutes Deutsch, in dem sie sich auch richtig gut ausdrücken können. Es geht mir vor allem um die Kinder. Aber ich teile diesen Argwohn nicht.

Argwohn gegenüber Mehrsprachigkeit?
Ja, genau.

[SPÜRT DIESEN AUSSAGEN EINE WEILE HINTERHER] Welche Sprachen sprichst Du noch? Oder besser, sprichst Du noch andere Sprachen?
Das ist immer so eine Sache. Ich mache den Fehler, dass ich mich in anderen Sprachen genauso gut ausdrücken möchte, wie im Deutschen. Das ist natürlich ein Fehler. Ich konnte mal gut Französisch. Ich konnte mal gut Englisch sprechen. Das ist jetzt vorbei, mir fehlt einfach die Praxis. Wenn ich es mir recht überlege, dann macht mich das manchmal so

ein bisschen zornig. Zornig, weil [SCHNAUBT UND SCHÜTTELT DEN KOPF] mein Gott, jetzt jammere ich darüber oder ich sage, das macht mich traurig – ich kann mich doch auch mal hinsetzen und mich ein oder zweimal in der Woche damit beschäftigen. Das tue ich nicht, also lässt es mich kalt, also ist es so, dass ich nicht wirklich das Bedürfnis verspüre, richtig Türkisch oder richtig wieder Englisch oder Französisch sprechen zu können.

Gibt es eine Sprache, die Dich so fasziniert, dass Du sie gerne noch lernen möchtest, auch ohne dass konkret in die Tat umsetzen zu müssen, mehr so als Wunsch, gibt es da irgendeine Sprache, die Dich so anzieht?

[DENKT LANGE NACH UND LÄCHELT DANN] Ich würde gerne Türkisch richtig sprechen können. Ich war in Istanbul und hatte ein paar Tage mit Leuten zu tun, die dieses wunderbare geschmeidige Türkisch sprechen. [STIMME WIRD WEICH, FAST SANFT] Mein Gott, das ist ne eigene Sprache. So, das würde ich gerne, diese Sprache, dieses besondere Türkisch würde ich erlernen. Ansonsten, na ja, Italienisch.

Warum?

[LANGE PAUSE] Mir gefällt es, es klingt sehr gut. Es klingt so [ÜBERLEGT] sehr leicht. Es ist aber eine sehr, sehr schwere Sprache. Ausnahmen von der Ausnahme von der Ausnahme von der Regel. Was hat man mir anfangs gesagt? Du, innerhalb weniger Wochen kannst Du schon mitreden [SCHNAUBT UND LACHT] ha, nichts davon. Also, Italienisch, weil es eine sympathische Sprache ist und Italienisch weil es die Sprache eines untergegangenen Imperiums ist und Italienisch, [SPÜRT SEINEN GEDANKEN NACH] weil ich da ein Jahr in Rom war und ich mochte das. Ich mochte, wie die Menschen Italienisch gesprochen haben. [RÜHRT ZUCKER IN SEINEN KAFFEE] Das fand ich gut. [LÄCHELT]

Schön. [LÄCHELT EMPATHISCH] Feridun, welches ist Dein allergrößter Wunsch?

Ich hab einige Wünsche. Soll ich nur einen Wunsch sagen, oder alle?

Wie viele sind's denn? [LACHT]

Ich kann sie ja aufzählen und dann sagst Du es reicht. [LÄCHELT VERSCHMITZT]

Fang beim wichtigsten Wunsch an.

Ich möchte so angstfrei wie möglich leben. [VERWEILT IN GEDANKEN] Ich möchte Menschen nicht verletzen. Ich hab ein Problem: Manchmal fällt mir Tage später eine Situation ein, die

mir im Herzen wehtut, es tut mir richtig weh und ich denke dann, oh Gott, wie konnte ich nur und das verfolgt mich. Ich möchte mich freuen. Ich möchte einen Teil meiner Melancholie abschütteln, das wäre gut. Weniger melancholisch, das wär gut. [VERSINKT IN GEDANKEN] Und dann kommt noch so, also ich möchte, ja, ich möchte, dass meine Eltern noch lange leben. Ich hab da Angst, fast jeden Tag. [SPRICHT LANGSAM UND ZART, EIN BISSCHEN VERLEGEN] Ich möchte, dass meine schöne Schwester glücklich wird. [SCHAUT MICH NACHDENKLICH AN UND LÄCHELT DANN VERSCHMITZT] Und ich möchte verdammt nochmal endlich den deutschen Buchpreis in Frankfurt kriegen. Punkt.

[LACHT LAUT LOS]

[LACHT MIT] Den könnten sie mir endlich mal geben. [ZÜNDET SICH EINE ZIGARETTE AN]

Also gut, das federn wir jetzt noch ein bisschen ab: Was isst Du am liebsten?

Also, ich hab's nicht so mit Essen, aber am liebsten Süßigkeiten. [SCHMUNZELT] Süßes. Ich liebe es, wenn mein Tag süß anfängt. Also, süßes Frühstück. Hm, ich hab nicht so eine Lieblingsspeise. Mal sind es mit Hackfleisch gefüllte Auberginen, das macht meine Mutter am besten, mal sind es hausgemachte Spaghetti, mal ist es deutsche Hausmannskost – je nach Appetit.

Dein liebstes Urlaubsland?

Es ist die Türkei. Ich hab jetzt meine Eltern eineinhalb Jahre nicht gesehen. Das reicht mir jetzt. Ich sehne mich wie wahnsinnig nach den beiden. Ich mag dieses Land, aber ich mag es mit den Augen meiner Eltern sehen. Also, sie erklären mir das immer und das ist so lustig. Es ist so entspannend. Ansonsten bin ich gerne in mitteleuropäischen Ländern, in Tschechien, in Polen, wir sprachen darüber. [VERWEILT BEI SEINEN BILDERN IM KOPF] Da passiert viel. [RAUCHT GENÜSSLICH]

Jetzt bitte ich Dich noch um ein Schlusswort, Feridun.

Man soll diese wunderbaren, wunderschönen Kinder lieben. Man soll nicht davon sprechen, dass sie die Zukunft Deutschlands sind, das interessiert mich überhaupt nicht. Man soll sie lieben, weil jedes von ihnen, jedes dieser Kinder, hervorragend ist, so wunderbar ist. Man muss ja nur in ihre Augen blicken. Man soll sie doch bitte schön einfach nur mal lieben und über ihren Kopf streichen. Man muss jedem von ihnen sagen, dass man es mag. Das ist es. Dieses Buch ist ein großartiges Projekt.

Laura

Geht in die dritte Klasse / Geburtsland: Deutschland / Staatsangehörigkeit: weiß sie nicht / Sprachen: Deutsch, Portugiesisch und etwas Englisch

Laura, gibt es etwas in der Schule, das Du gerne verändern würdest?
Die Toiletten sauber machen, die haben so oft Spinnen. [IST SICHTLICH GEEKELT]

Oh je, Du magst nicht so gern Spinnen?
Nein, ich hab Schiss vor Spinnen.

[LÄCHELT AMÜSIERT] Laura, gibt es ein Urlaubsland, in das Du gerne fährst?
Mein Heimatland find ich cool. [WIRKT STOLZ]

Welches ist denn Dein Heimatland?
Portugal, in der Algarve. Und ich würd gerne mal mit meiner ganzen Familie nach Mallorca gehen, find ich auch voll cool. Wenn ich manchmal die Bilder davon im Fernsehen sehe, würd ich da gerne mal sein.

Laura, Du hast eben gesagt, Dein Heimatland ist Portugal. Wo wurdest Du denn geboren?
Hier in Deutschland. Dann, nach meiner Geburt, war es nur noch wenige Zeit bis zu den Ferien, dann sind wir nach Portugal gegangen. Dann, mit ein oder zwei Jahren, hab ich dann laufen und sprechen können. Aber ich hab erst mal auf meine Heimatland sprechen gelernt. [MIT GROßER ERNSTHAFTIGKEIT VORGETRAGEN]

Du hast erst Portugiesisch gelernt?
Ja.

Und welche Sprachen kannst Du?
Portugiesisch und Deutsch, mehr nicht. Und ein bisschen Englisch, weil ich Englischunterricht habe.

Welche von den drei Sprachen kannst Du denn am besten?

Deutsch.

Und welche Sprache benutzt Du am meisten?
Deutsch.

Und wie sprichst Du denn mit Deinen Eltern?
Deutsch.

Du sprichst Deutsch mit Deinen Eltern?
Ja, mein Vater spricht mit mir Portugiesisch, aber ich antworte Deutsch.

Warum?
Weil ich mich ans Deutschsprechen mehr gewöhnt hab, weil ich hab öfters Deutsch geredet als Portugiesisch.

Hm, hast Du vielleicht eine Idee, was das heißt, deutsch zu sein?
Nee.

Was ist denn ein deutscher Mensch?
Einer, der nur Deutsch spricht.

Mhm, und jemand der nicht deutsch ist?
Ausländer.

Was ist denn das eigentlich, ein Ausländer?
Ausländer sind Leute, die aus anderen Ländern außer Deutschland kommen.

Und was unterscheidet die, außer dass sie aus einem anderen Land kommen?
Andere Sprachen.

Und wie würdest Du Dich selber bezeichnen?
Ausländer. [ÜBERLEGT NOCH EINEN MOMENT] Mittelausländer, weil wir nur in den Ferien in Portugal sind.

isst gern:
Pizza

schaut gern:
Winx Club

mag gern:
Natur, Lesen

wäre später gern:
Zookartenverkäuferin, Tierpflegerin, Kinderkrankenschwester, Friseuse

Iheb

Geht in die vierte Klasse / Geburtsland: Deutschland / Staatsangehörigkeit: Deutsch, Tunesisch / Sprachen: Deutsch, Arabisch, ein bisschen Englisch

Iheb, gibt es auch ein Schulfach, das Dir nicht so gut gefällt?
Nicht so gern mag ich Deutsch. Da krieg ich immer schlechte Noten.

Oh je, warum glaubst Du, bekommst Du denn da schlechte Noten?
Weiß ich nicht.

Hm, Iheb, welchen erwachsenen Menschen, außer Mama und Papa, findest Du denn ganz toll?
Also eigentlich mein Opa, aber der ist gestorben.

Der ist gestorben, das tut mir leid. Ist das schon lange her?
Zwei Jahre, drei Jahre oder so.

Hat er in Tunesien gelebt?
Nein.

Hier in Deutschland?
Ja, eigentlich in Jordanien.

In Jordanien, ach so. [ETWAS ERSTAUNT]
Ja, der ist dann hier nach Deutschland gekommen.

Aha, und Deine Mutter ist aus Jordanien?
Ja.

Mhm, und Dein Vater ist aus Tunesien?
Ja, und ich auch.

Was heißt das, Du auch?
Ich bin auch aus Tunesien.

Bist Du da geboren worden?
Nein hier, aber ich komm aus Tunesien. [SEHR BESTIMMT]

Das versteh ich jetzt noch nicht so richtig.
Ich bin ein Tunesier und kein Deutscher eigentlich.

Ach so? Woran machst Du das denn fest?

Ich weiß nicht.

Was ist denn ein Deutscher?
Ich red nicht immer Deutsch, sondern Tunesisch.

Mit Deinem Vater?
Ja. Nicht immer, manchmal.

Welche Sprache kannst Du denn am besten?
Deutsch kann ich besser als Arabisch.

Und welche Sprache benutzt Du am häufigsten?
Deutsch eigentlich.

Mit wem redest du denn Deutsch?
Mit meiner Mutter und mein Vater manchmal, also, oft.

Und mit Deiner Schwester?
Auch, aber am meisten red ich Arabisch mit meiner Schwester.

Und mit Deinen Freunden?
Deutsch. Außer die in Tunesien, die können ja kein Deutsch.

Sag mal, welches ist denn Dein größter Wunsch?
Dass ich ganz lang leben kann

Iheb, weißt Du auch schon, wie Du wohnen möchtest, wenn Du erwachsen bist?
Ich würde gern neben meinem Kusin wohnen.

Neben Deinem Kusin in Tunesien?
Nein. [ENTRÜSTET] Hier in Deutschland.
Dann könnt ich immer zu ihm.

isst gern:
Rindswurst mit Pommes

schaut gern:
Drake & Josh

mag gern:
Fußballspielen

wäre später gern:
Pilot

Hatice

Geht in die vierte Klasse / Geburtsland: Deutschland / Staatsangehörigkeit: Türkisch, die deutsche ist beantragt / Sprachen: Deutsch, Türkisch, ein bisschen Englisch

Hatice, wie ist das, gehst Du gerne in die Schule?
Ja, aber sieben Uhr gefällt mir gar nicht.

Gibt es denn irgendwas in der Schule, das Dir besonders gut gefällt?
Ja, Mathe, Sport und Kunst.

Eine schöne Kombination. Und gibt es etwas, was Du gerne verändern möchtest, wenn Du könntest?
Ja, Deutsch!

Was würdest Du daran ändern?
Äh ich bekomm immer so schlechte Noten, manchmal kapier ich gar nichts und manchmal kapier ichs. [LACHT LAUT]

[LACHT MIT] Weißt Du, warum Du so schlechte Noten in Deutsch bekommst?
Nein.

Was sprichst Du denn alles für Sprachen?
Türkisch und Deutsch. Englisch lern ich noch.

Sag mal Hatice, welche davon benutzt Du denn am meisten?
Am meisten rede ich mit meine Mutter Türkisch und mit mein Vater Deutsch.

Aha, und mit Deinen Freunden?
Deutsch und manchmal Türkisch, wegen bei Türkei hab ich auch Kusinen und Kusins.

Was würdest Du denn sagen, welche Sprache Du am besten kannst?
Deu äh Türkisch.

Türkisch kannst Du besser als Deutsch?
Ja! [SEHR VEHEMENT]

[SCHNITT UND ANDERES THEMA] Hatice, gibt es denn irgendetwas, wovor Du Angst hast?

Ja, vor dunkle Füchse, und noch was.

Und was noch?
Vor wilde Tiere, immer.

Vor wilden Tieren, na, da gibt's hier ja nicht so viele, oder?
Ja. In der Türkei gibt's schon. [GANZ EIFRIG UND INTERESSIERT]

Was gibt's denn da für wilde Tiere?
Also, Füchse – Ratten gibt's noch – und Wölfe.

Wölfe? Hast Du dort schon mal einen gesehen?
Ja, die schreien immer so.

Die heulen?
Die schreien! Guck so [IMITIERT WOLFSGEHEUL]

[STIMMT MIT EIN] Hui, das find ich aber toll, und das hörst Du?
Ja, [GANZ AUFGEREGT] und unser Hund, ihren äh sein Name heißt Karabasch, der schreit mit.

Wahnsinn. Und sind die weit weg?
Nee, die sind neben unserm Haus.

Echt! Wo ist das denn in der Türkei, kannst Du das sagen?
Bei, bei Köy. (türkische Bezeichnung für Dorf)

Und wo wurdest Du geboren?
In Deutschland.

Und weißt Du auch, welchen Pass Du hast?
Türkischen, aber noch ein paar Tage, dann bekomm ich auch deutschen Pass.

Und was bist Du? Wie würdest Du Dich selber bezeichnen?
Keine Ahnung.

isst gern:
Spaghetti, Pizza und Pommes

schaut gern:
Hepsi bir (eine türkische Sendung)

mag gern:
Tanzen, Singen, Malen, Schwimmen

wäre später gern:
Kinderärztin

Ermal

Geht in die erste Klasse / Geburtsland: Deutschland / Staatsangehörigkeit: Deutsch / Sprachen: Albanisch und Deutsch

Ermal, Du gehst hier in die erste Klasse, richtig?
Ja.

Wie gefällt es dir denn in der Schule?
Gut. [LÄCHELT]

Und was machst Du hier am allerliebsten?
Plusaufgaben.

Gibt es auch etwas, das Dir nicht so viel Spaß macht?
Hm. [ÜBERLEGT EINE WEILE] Nein.

Sag mal, liest Du auch gerne?
[NICKT MIT DEM KOPF]

Was liest Du denn dann? Welche Bücher schaust Du Dir denn am liebsten an?
Ich hab keine Bücher, aber ich nehme mir welche, ich leih mir welche aus der Bücherei und gucke sie an. Ich hab ein Dinosaurierbuch geliehen.

Guckst Du Dir mit Deiner Mama die Bücher an?
Ja. [LACHT BESTÄTIGEND]

Geht sie mit Dir in die Bücherei?
Nein, weil ich geh nur runter in die Bücherei und leih mir die aus und geh dann wieder hoch.

Du leihst Dir in der Schulbücherei die Bücher aus?
Ja.

Ermal, was sprichst Du denn alles für Sprachen?
Albanisch.

Und was noch?
Und Deutsch, ich kann nich anders sprechen.

Das sind ja schon zwei Sprachen. Wie sprichst Du denn mit Deinen Eltern?
Albanisch.

Ah ja, immer? Die ganze Zeit?
[SEUFZEN, NICKEN UND ACHSELZUCKEN] Wenn ich was nich weiß, dann sag ich's auf Deutsch.

Was glaubst Du denn, welche Sprache Du besser sprechen kannst?
Hm, Albanisch.

Hast Du noch Geschwister?
Nur eine Schwester, die is vier Jahre alt.

Wie sprecht Ihr, wenn Ihr miteinander spielt?
Ehm, manchmal Deutsch, manchmal Albanisch.

Gemischt. Und was glaubst Du, welche Sprache Du mehr benutzt?
Albanisch.

Sag Ermal, wenn Du schläfst, dann träumst Du ja bestimmt manchmal, oder?
Ja.

Und in welcher Sprache ist denn Dein Traum dann?
Manchmal Deutsch und manchmal Albanisch.

Bist Du denn schon mal umgezogen?
Ja, ich war einmal so in einer kleinen Wohnung und jetzt bin ich in einer großen.

Sag mal, weißt Du auch, in welcher Stadt Du geboren wurdest?
Ja, in Frankfurt.

Aha, und hast Du schon einen Pass, weißt Du das?
Ja, einen deutschen.

Wie würdest Du Dich denn selbst nennen? Bist Du ein Deutscher?
Nein, Muslim.

isst gern:
Pizza

schaut gern:
Fußball

mag gern:
Fußballspielen

wäre später gern:
Fußballer

Segen

Geht in die zweite Klasse / Geburtsland: dieses alte Arabien / Staatsangehörigkeit: weiß sie nicht / Sprachen: Deutsch, Tigrinya*

Segen, gibt es ein Land, in das Du besonders gerne in Urlaub fährst?
Am liebsten würde ich in Eritrea sein, weil das ist mein Land.

Warst Du da schon mal?
Nein.

Hm, und welches ist Deine Lieblingssprache?
Also, meine Sprache halt, die mag ich ganz doll.

Mhm, was ist das denn für eine Sprache?
Eritreisch, die mag ich.

Hat die noch einen anderen Namen, Tigrinya vielleicht?
Ja, Tigrinya.

Welche Sprachen kannst Du denn noch?
Deutsch und ein bisschen Englisch.

Und welche davon kannst Du am besten?
Eritrea, also ich kann am besten Tigrinya und Deutsch.

Und welche benutzt Du am häufigsten?
Hm, Tigrinya.

Mit wem sprichst Du denn alles Tigrinya?
Mit meiner Schwester, mein Vater und meine Mutter. Und meine Tanten.

Und mit wem sprichst Du Deutsch?
Also meine Schwester, die kann auch Deutsch, da sprech ich manchmal mit ihr, und mit meinen Freunden.

Mhm, und welches ist die Hauptsprache zwischen Dir und Deiner Schwester?
Deutsch.

Segen, erzähl doch mal, wo Du geboren wurdest.
In diesen alten Arabien.

Mhm, und wann bist Du nach Deutschland gekommen?
Also jung war ich da, das weiß ich jetzt nicht mehr.

Weißt Du denn, was Du für einen Pass hast?
Wie jetzt?

Hast Du einen Reisepass, oder einen Ausweis?
Nein, weiß ich nicht.

Segen, wir haben vorhin über die Sprachen gesprochen, da hast Du gesagt Deine Sprache sei Tigrinya.
Ja.

Dann haben wir über Urlaubsländer gesprochen, da hast Du gesagt, Du würdest so gerne mal in Dein Land fahren, nämlich nach Eritrea, richtig?
Ja.

Sag mir doch mal, warum ist das Dein Land?
Weil mein Vater, das ist sein Land, von meiner Mutter auch.

Mhm, wurden die da geboren?
Weiß nicht, ob die da geboren wurden. [KICHERT]

Ok. Und Du? Würdest Du sagen, dass Du ein eritreisches Kind bist oder eher ein deutsches?
Ein eritreisches.

Warum?
Weil mein Vater aus dem Land kommt, also meine ganze Familie kommt aus dem Land.

Was heißt das denn, eritreisch zu sein oder deutsch zu sein? Was ist denn der Unterschied zwischen beidem?
[ÜBERLEGT RECHT LANG, SAGT DANN VERSCHMITZT] Das weiß ich noch nicht, den Unterschied.

isst gern:
Spaghetti

schaut gern:
Drake & Josh

mag gern:
Malen

wäre später gern:
Ärztin

51

Dinnuba

Geht in die dritte Klasse / Geburtsland: Deutschland / Staatsangehörigkeit: Sie sagt, sie habe noch keinen Pass / Sprachen: Deutsch, Tamil*, Englisch

Dinnuba, magst Du mir mal erzählen, wie ein typischer Schultag bei Dir aussieht?
Der ist nicht typisch.

Der ist nicht typisch? Wie sieht denn ein Schultag aus bei Dir?
Gut.

Was passiert denn da morgens in der Schule? Also, Du stehst auf, ziehst Dich an und was passiert dann?
Gar nix, dann geh ich zur Schule, mit dem Bus.

Prima, und was machst Du am liebsten, wenn Du in der Schule bist?
Englisch, Mathe, Deutsch.

Gibt es auch etwas, das Du gar nicht gerne magst?
Nein, ich mag alles.

Liest Du denn auch gerne, Dinnuba?
Ja.

Was magst Du denn für Bücher?
Alle Bücher mag ich. Alle sind gleich, finde ich.

Liest Du Geschichten über Tiere oder mehr über Menschen?
Ja, schon mehr über Menschen, wenn wir also was im Sachunterricht machen, dann komm ich in die Bücherei und such das Buch. Ich frag ein Erzieher, ob es dieses Buch gibt.

Kommst Du oft in die Bücherei?
Ja, oft.

Immer hier in die Schulbücherei, [DAS INTERVIEW FINDET IN DER SCHULBIBLIOTHEK STATT] *oder gehst Du auch in die Stadtbücherei?*

Nein, in die Stadtbücherei nicht.

Hm, Dinnuba, es gibt ja so viele Sprachen auf der Welt, welche findest Du ganz toll?
Englisch und Deutsch.

Und welche Sprachen sprichst Du?
Tamil und Deutsch und Englisch.

Welche von diesen Sprachen kannst Du am besten?
Tamil und Deutsch.

Mit wem sprichst Du denn alles Tamil?
Mit meinen Eltern, meinen Kusinen, wegen die verstehen nicht Deutsch.

Sind die Kusinen hier in Deutschland?
Nein, die sind in Australien, in London und so alle Länder, weiß ich nicht.

Mhm, sag mal Dinnuba, gibt es denn ein Urlaubsland, in das Du besonders gerne fährst?
Ja, Australien.

Warst Du schon mal in Australien?
Nein, aber ich liebe dieses Land.

Ja? Was gefällt Dir so gut daran?
Da ist meine Oma und ganz viele Tanten und noch Kängurus. [BEGEISTERT]

[SCHMUNZELT] Toll. Gibt es denn einen erwachsenen Menschen, nicht Mama oder Papa, den Du besonders toll findest?
Nee, nur meine Oma.

Deine Oma – warum?
Weil sie so nett ist und sie schickt mir alles, sie ist extra wegen mir in Malaysia gegangen, mir so Haarspangen kaufen.

isst gern:
Nudeln und Kartoffelbrei

schaut gern:
WOW – Die Entdeckerzone

mag gern:
Monopoly und Memory spielen

wäre später gern:
was ihre Mutter sagt, aber am liebsten Tierärztin

Lina

Geht in die vierte Klasse / Geburtsland: Deutschland / Staatsangehörigkeit: Deutsch / Sprachen: Deutsch und ein bisschen Englisch

Lina, wir fangen mal damit an, dass Du mir erzählst, wie ein typischer Schultag bei Dir aussieht. Also, womit fängt Dein Tag morgens an, und womit hört er abends auf?
Ich steh morgens früh auf, dann geh ich in die Schule, dann, am Nachmittag, mach ich die Hausaufgaben und abends geh ich ins Training.

Was für ein Training ist das?
Turnen, Leistungsturnen.

Toll, und wie gefällt es Dir in der Schule?
Gut.

Gibt es etwas, was Du gerne verändern würdest in der Schule?
Nein.

Hast Du auch ein Lieblingsfach?
Ja, Mathe.

Und ein Fach, das Du gar nicht so gerne magst?
Deutsch.

Deutsch? [ÜBERRASCHT] Warum?
Weil, da bin ich nicht so gut.

Was ist das Problem?
Weiß ich selbst nicht.

Hm, dann sprechen wir mal über Deine Ferien. Welches ist denn Dein liebstes Urlaubsland?
Weiß ich nicht, aber ich mag gerne das Zeltlager.

Das ist ja auch was Schönes. Mit wem machst Du das denn?
Mit der katholischen Gemeinde. Im Sommer.

Klasse. Jetzt würde ich Dich gerne noch etwas anderes fragen: Was sprichst Du denn für Sprachen?

Eigentlich nur Deutsch.

Und welche lernst Du jetzt in der Schule noch?
Englisch. Und vielleicht dann noch Fritz äh Friseu äh Französisch.

Das möchtest Du gerne noch lernen?
Ja.

Gibt es noch eine Sprache, die Du gerne lernen möchtest?
Nein.

Bist Du denn schon mal umgezogen in Deinem Leben?
Ja, aber da war ich ganz klein.

Innerhalb von Deutschland?
Ja.

Lina, was ist denn für Dich Deutschsein?
Weiß ich nicht.

Oder sagen wir mal so, was ist denn der Unterschied zwischen jemandem, der deutsch ist und jemandem, der nicht deutsch ist?
Der redet ein kleines bisschen anders.

Redet ein kleines bisschen anders – im Deutschen oder redet der in einer ganz anderen Sprache?
Im Deutschen.

Mhm, redet ein bisschen anders Deutsch. Ist das der Hauptunterschied für Dich?
Ja.

isst gern:
Schnitzel

schaut gern:
Logo (Kinder-nachrichten)

mag gern:
Leistungsturnen,
Reiten,
Gitarre spielen

wäre später gern:
Tierärztin

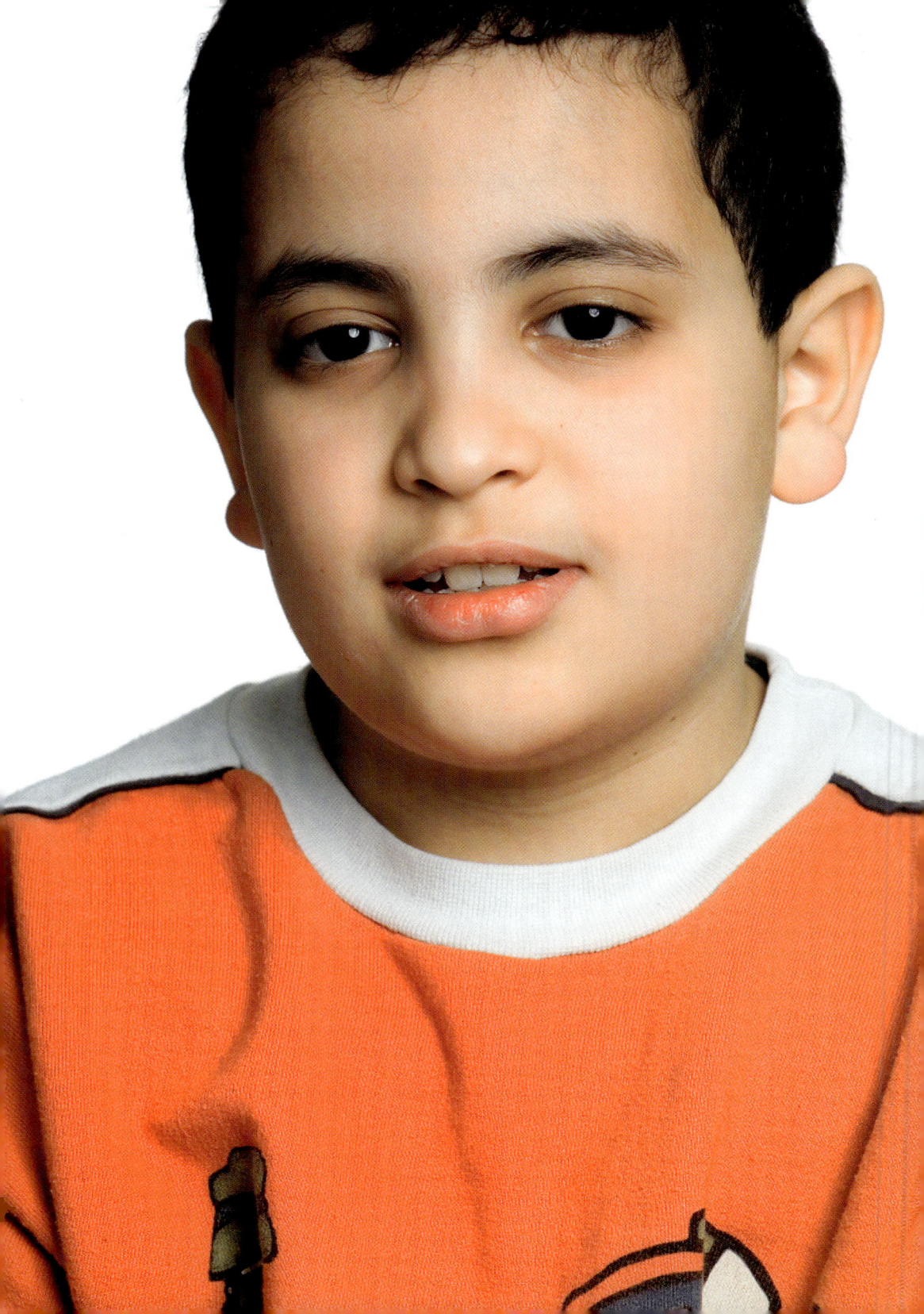

Ayoub

Geht in die dritte Klasse / Geburtsland: Deutschland / Staatsangehörigkeit: Deutsch / Sprachen: Deutsch, Tamazight*, ein bisschen Englisch, ein bisschen Spanisch

Sag mal Ayoub, hast Du ein Lieblingsessen?
Ja, die ganzen Gerichte von meiner Mutter.

Ah, was kocht sie denn so?
Spaghetti, Pizza, Linsensuppe, gekochtes Fleisch mit Soße, Karotten und Kartoffeln, Pommes, Wurst.

Lecker! Gibt's auch ein Lieblingsurlaubsland von Dir?
Ja, Marokko.

Warst Du da schon mal?
Ja. Viele Male.

Und wie ist es da?
Sehr gut!

Was gefällt Dir so gut daran?
Bei mein Opa. Der hat ein Bauernhof. Der hat drei Acker, eine Wiese und da kann man so auf so 'n Platz gehen. Da kann jeder hin, da gibt's Feigen und Trauben und so Sachen.

Das klingt schön. Sag Ayoub, gibt es eine Spra-che, die Dir besonders gut gefällt?
Marokkanisch und Deutsch.

Mhm, sind das die Sprachen, die Du kannst?
Ja.

Kannst Du noch mehr?
Ein bisschen Englisch, ein bisschen Spanisch und nichts mehr.

Hm, und Dein Marokkanisch, ist das Arabisch?
Nö.

Berberisch? Tamazight?
Hm? [VERWUNDERT]

Kannst Du denn sagen, wie die Sprache heißt?
Tamazight.

Super, danke. Und welche von den Sprachen kannst Du am besten?
Deutsch.

Wie sprichst Du denn mit Deinen Eltern?
Deutsch und mit meinem Vater ein bisschen Marokkanisch, der kann nicht viel Deutsch. Der geht noch in einen Kurs.

Aha, ist der noch nicht so lange hier?
Mhm, der war in Marokko, meine Mutter auch, aber sie kann besser als er.

Welche Sprache benutzt Du denn am meisten?
Deutsch!! [SAGT DAS SEHR ENTSCHIEDEN, ALS WÄRE MEINE FRAGE ZIEMLICH ÜBERFLÜSSIG GEWESEN]

Du sprichst nur mit Deinem Vater Marokkanisch?
Jaaa [ZÖGERT EIN WENIG] und mit meiner Mutter auch und mit meiner ganzen Familie in Marokko. Außer mein Onkel. Ein Onkel von mir, eine Tante von mir, ein Opa und eine Oma, die können nur Deutsch, der ganze Rest kann nur Marokkanisch.

Ayoub, wer ist denn für Dich ein Deutscher, was gehört denn dazu, um deutsch zu sein?
Viele Freunde von mir sind Deutsche.

Was ist anders an denen als an Nicht-Deutschen?
Die kommen aus anderen Ländern, manche, aber sie können Deutsch.

Wie würdest Du Dich denn selber bezeichnen?
[SPONTAN UND ENTSCHIEDEN] Deutscher, weil ich hier wohn [ÜBERLEGT EINEN MOMENT] aber Marokkaner bin ich [LEISE, ÜBERLEGT WIEDER] ich bin Deutscher [DENKPAUSE] ich weiß nicht, ich bin Deutscher oder Marokkaner, [DANN SEHR ENTSCHIEDEN] ich bin hier geboren und meine Eltern sind Marokkaner und ich auch.

isst gern:
alle Gerichte der Mutter

schaut gern:
fast alles, außer Zoey 101

mag gern:
Fußball, Handball, draußen spielen, Lesen, Computer

wäre später gern:
Rennfahrer, Architekt, Wissenschaftler

Gamze

Geht in die vierte Klasse / Geburtsland: Deutschland / Staatsangehörigkeit: Deutsch / Sprachen: Deutsch, Türkisch, ein bisschen Englisch

Sag mal Gamze, gibt es denn ein Lieblingsur-laubsland von Dir?
Ja, die Türkei.

Die Türkei. Fahrt Ihr da oft hin?
Ja! [SEHR BESTÄTIGEND]

Und weißt Du wohin ungefähr?
Ja, nach Kayseri fahrn wir immer, oder nach Antalya.

Erzähl mal, was sprichst Du denn für Sprachen?
Also: Türkisch, Deutsch [LACHT, DEUTSCH IST WOHL SELBSTVERSTÄNDLICH] und ein bisschen Englisch.

Und welche kannst Du am besten?
[LÄNGERE PAUSE] Türkisch und Deutsch kann ich ganz gut.

Beide gleich gut?
[NICKT]

Mhm. Und welche benutzt Du am meisten?
Türkisch.

Sprichst Du mehr Türkisch als Deutsch?
Nein, ich spreche mehr Deutsch als Türkisch. Also zu Hause spreche ich manchmal Türkisch und manchmal Deutsch.

Und mit Deinen Freunden?
Also mit meinen Freunden sprech ich Deutsch und mit meinen Geschwistern spreche ich manchmal Türkisch und manchmal Deutsch.

Mhm. Kannst Du vielleicht auch sagen, wann Du Türkisch und wann Du Deutsch sprichst?
Also, wenn wir zu Hause sind, abends, sprech ich immer Türkisch und zu Hause früh sprech ich mit meiner Mutter immer manchmal Türkisch, und so in der Zwischenzeit vor allem Deutsch.

Gamze, weißt Du eigentlich auch, was Du für einen Pass hast?
Ein deutsches Pass.

Du hast einen deutschen Pass und sonst keinen?
Einen Deutschpass, das ist so wie ein kleines Buch.

Genau. Wie würdest Du Dich denn selber bezeichnen?
[ÜBERLEGT LANGE] So als dünn.

[LÄCHELT] Ich meinte eher, wo Du herkommst.
Ach so. [ÜBERLEGT WIEDER EINE GANZE WEILE] Von Deutschland.

Würdest Du Dich als Deutsche bezeichnen?
Ja.

Was ist denn Deutschsein? Was gehört denn dazu?
[LANGE DENKPAUSE] Lernen und zusammen sein vielleicht auch.

Zusammensein? Mit wem?
Mit meinen Eltern, meiner Familie und mit meinen Freunden.

Das gehört zum Deutschsein dazu?
[BEIDE LACHEN AUS VOLLER KEHLE] Ja. [WIEDER ERNST]

Was ist der Unterschied zwischen Deutschsein und Nicht-Deutschsein?
Nichts.

Kein Unterschied.
Nee.

Was ist denn Dein größter Wunsch?
Ich will ganz gern ein Laptop haben, und dass meine Familie ganz glücklich ist will ich haben.

isst gern:
Spaghetti, Hühnchen, Hamburger, Pommes, Eis

schaut gern:
Sponge Bob und noch einen türkischen Film

mag gern:
Schwimmen, ins Kino gehen, Essen, Schlafen, Leuten helfen

wäre später gern:
Ärztin, Lehrerin oder angestellt bei Douglas

Gizem

Geht in die vierte Klasse / Geburtsland: Deutschland / Staatsangehörigkeit: Deutsch / Sprachen: Deutsch, Türkisch, ein bisschen Englisch

Gizem, gibt es in der Schule etwas, das Dir besonders gut gefällt?
Ja, zum Beispiel wenn ich Hausaufgaben aufkriege, das gefällt mir.

Du machst gerne Hausaufgaben?
Ja, das gefällt mir.

Sag Gizem, welches ist denn Dein liebstes Urlaubsland?
Türkei. [FREUT SICH] In der Türkei, da haben wir ein Haus, da haben wir auch da ein Pool, da schwimm ich gerne, aber das ist ganz kalt [SCHMUNZELT]. Und dann haben wir noch einen Riesengarten, da spazier ich manchmal, und geh zu meinen Freundinnen.

Klasse, das klingt gut. [ÜBERLEGT KURZ] Wie ist das Gizem, hast Du auch so etwas, wie eine liebste Sprache?
Englisch, Deutsch und Türkisch.

Sind das auch die drei Sprachen, die Du kannst?
Englisch kann ich auch schon so [MACHT EINE HANDBEWEGUNG FÜR »SOLALA«]

Kannste schon so ein bisschen – sag mal, welche Sprache sprichst Du denn am meisten?
Deutsch. Und Türkisch sprech ich nur in der Türkei und manchmal zu Hause.

Aha, mit wem sprichst Du dann Türkisch?
Mit meiner Mutter und mit mein Papa.

Aber mehr Deutsch hier?
Mhm. [BEJAHEND]

Auch mit den Eltern?
Mhm. [BEJAHEND]

Und wie sprichst Du mit Deinen Geschwistern?

Mit denen spreche ich manchmal gemischt, [LACHT VERSCHMITZT] eigentlich aber fast nur Deutsch.

Mhm, und gibt es eine Sprache, die Du am besten kannst?
Ja, [ZÖGERT] Türkisch.

Kannst Du besser Türkisch als Deutsch?
Ah nein, die sind gleich.

Und weißt Du auch, was Du für einen Pass hast?
Ein deutschen Pass.

Hast Du eine Idee, was es heißt, deutsch zu sein?
Also, wer alles in Deutschland lebt ist deutsch. Meine Freundinnen zum Beispiel.

Also, alle, die in Deutschland leben, sind Deutsche.
Nee, nicht alle. [LACHT]

Nee? Wer denn nicht?
Es gibt auch, zum Beispiel, die von Türkei in Deutschland ziehen. Die sind ja nicht deutsch.

Die sind nicht Deutsch – warum nicht?
Weil die ja erst mal, also meine Mutter, die war auch nicht in Deutschland, aber mein Papa wollte, dass wir in Deutschland umziehen, dann hat sie so, erst mal wusste sie ja kein Deutsch, dann hat sie's bisschen gelernt, und dann so weiter.

Bist Du Deutsche?
Nein, ich bin Türke.

Du hast einen deutschen Pass, wurdest hier geboren, gehst in Deutschland zur Schule und sagst Du bist Türkin.
Ja, ich bin Deutsche. [LACHT WIEDER]

Wo ist denn der Unterschied?
Weiß ich gar nicht.

---

isst gern:
Pizza, Spaghetti

schaut gern:
Zoey 101,
Hepsi bir

mag gern:
Schwimmen,
Schlafen, Reiten,
Seilspringen

wäre später gern:
Architektin
oder Ärztin

Schabnam

Geht in die dritte Klasse / Geburtsland: unbekannt / Staatsangehörigkeit: Deutsch / Sprachen: Deutsch, Pashto*, Englisch

Schabnam, hast Du ein Hobby?
Ja, Lesen, Tanzen und Singen.

Wie schön, und wo machst Du das?
Im Hort, bei mir zu Hause und sonst nichts. [DAS LETZTE FLÜSTERT SIE]

Du sagst, Lesen ist Dein Hobby. Was liest Du denn gerne?
Freundegeschichten und Mädchengeschichten und Abenteuergeschichten.

Gibt es ein spezielles Buch, das Du ganz besonders schön findest?
Ja. Das Lesebuch von der Schule.

Ok, und hast Du auch ein Lieblingsfach in der Schule?
Ja, Englisch.

Mhm, toll, und ist das auch Deine Lieblingssprache? Oder gibt es noch eine andere, es gibt ja so viele Sprachen.
Meine Lieblingssprache ist Englisch.

Schabnam, was kannst Du denn alles für Sprachen?
Ein bisschen Englisch, Deutsch und Afghanisch.

Weißt Du vielleicht, ob das Pashto oder Farsi* ist?
Pashto.

Mhm. Und welche Sprache kannst Du am besten?
Deutsch.

Welche Sprache benutzt Du am meisten?
Deutsch.

Auch Deutsch. Wie sprichst Du denn mit Deinen Eltern?
Afghanisch und ein bisschen Deutsch.

Mhm, und mit Deinen Geschwistern?
Viel Deutsch und mit meinem Bruder immer.

Sag, warst Du denn schon mal in Afghanistan?
Ja.

Wie war es denn da?
Da war es sehr heiß, und da war es sehr schön, [FLÜSTERT] und sonst nix.

Weißt Du vielleicht auch, ob Du einen Pass hast?
Ja.

Ist das ein deutscher Pass oder ein afghanischer?
Ein deutscher.

Würdest Du Dich als Deutsche bezeichnen?
Mm. [VERNEINT VERLEGEN]

Warum nicht?
Weil, ich will nicht lügen. [SPRICHT SEHR LEISE]

Wieso würdest Du denn lügen?
Dann würd ich lügen, und lügen ist nicht so gut.

Ja, das stimmt, aber wenn Du sagst, Du bist Deutsche, wieso würdest Du dann lügen?
Weil, ich bin eigentlich afghanisch und wenn ich sage, ich bin deutsch, dann ist das eine Lüge.

Was ist denn für Dich der Unterschied zwischen jemandem, der deutsch ist und jemandem, der nicht deutsch ist?
Weiß ich nicht.

Hm, Schabnam hast Du denn eine Idee oder einen Traum, wo und wie Du später mal wohnen möchtest?
In ein ganz großes reiches Luxushaus.

Und wo soll das stehen, das Haus?
In L. A. [FÜR LOS ANGELES]

isst gern:
Hamburger, Salat, Pizza

schaut gern:
Winx Club

mag gern:
Lesen, Tanzen, Singen

wäre später gern:
Kinderärztin

Ibrahim

Geht in die zweite Klasse / Geburtsland: Deutschland/ Staatsangehörigkeit: Deutsch / Sprachen: Deutsch, Bosnisch

Ibrahim, es gibt so viele Sprachen auf der Welt – gibt es denn irgendeine, die Du gerne noch lernen möchtest?
Ehm Italisch. [SEHR MOTIVIERT]

Wo hörst Du denn Italienisch?
Manchmal bei meinen Freunden.

Bei Deinen Freunden – hast Du italienische Freunde?
[NICKT MIT DEM KOPF]

Sag mal, welche Sprachen kannst Du denn? Kannst Du mehrere Sprachen?
Nee [ÜBERLEGT LÄNGER] nur eine.

Welche kannst Du denn?
Äh, Bosnisch.

Und Deutsch?
Ja! [FAST EMPÖRT ÜBER DIESE FRAGE]

Und sonst noch was, vielleicht nur ein bisschen?
Ää [VERNEINT]

Also Bosnisch – Bosnisch und Deutsch. Was würdest Du denn sagen, welche Sprache Du am besten kannst?
Deutsch.

Weißt Du auch, ob Du schon einen Pass hast? Hast Du schon einen Pass?
Mhm. [BEJAHEND]

Was denn für einen?
Ich krieg 'n deutschen. Ich hatte erst mal 'n bosnischen aber jetzt hab ich 'n deutschen.

Ah ja, und wie würdest Du Dich selber bezeichnen? Bist Du ein deutsches Kind?
[NICKT BESTÄTIGEND]

Ja – was ist denn für Dich Deutschsein?
[DENKT LANGE NACH] Hmm, es is toll! [SEHR ENTSCHIEDEN]

[SCHMUNZELT] Und was ist der Unterschied, zwischen jemandem, der deutsch ist und jemandem, der nicht deutsch ist?
Ähhh [ÜBERLEGT SEHR LANGE]

Gibt es denn einen Unterschied?
Ja, der andere kann nicht Deutsch und ich kann Deutsch.

isst gern:
Nudeln

schaut gern:
Sponge Bob

mag gern:
Hunde

wäre später gern:
Polizist

Nadia

Geht in die erste Klasse / Geburtsland: Italien / Staatsangehörigkeit: weiß sie nicht / Sprachen: Deutsch, Italienisch, ein bisschen marokkanisches Arabisch

Nadia, Du bist ja in der ersten Klasse, kannst Du denn schon ein bisschen lesen und schreiben?
Ja, aber ich kann nur zwei Buchstaben zusammen lesen.

Und was kannst Du schon schreiben?
Dose und so.

Und was macht Dir am allermeisten Spaß in der Schule?
[ETWAS VERSCHMITZT] Spielen.

[SCHMUNZELT] Spielen, nicht der Unterricht?
Unterricht ist langweilig. [SEHR ENTSCHIEDEN]

Hättest Du den Unterricht gerne anders?
Mhm. [BEJAHEND]

Wie denn?
Wir spielen ein bisschen und dann machen wir eine Hausaufgabe und dann frühstücken wir und dann in die Pause und dann immer so weiter.

Aha, und das fändest Du gut.
[NICKT MIT DEM KOPF]

Nadia, es gibt ja ganz viele Sprachen auf der Welt, welche findest Du denn am schönsten?
Ja, Italien.

Hm, Italienisch. Welche Sprachen kannst Du denn?
Italienisch, Deutsch und ein bisschen von Marokko.

Mhm, ist das Arabisch?
Ja.

Und sag mal, welche Sprache kannst Du denn am besten?
Ehm, Deutsch und Italienisch.

Welche Sprache benutzt Du am meisten?

Beides.

Wie sprichst Du denn mit Deinen Eltern?
Italienisch.

Hast Du auch Geschwister?
Ja, eine Schwester ist fünf und eine ist eins.

Und wie sprecht Ihr zusammen?
Italienisch und Deutsch.

Ok, gibt es noch eine Sprache, die Du gerne lernen möchtest?
Ja, Englisch.

Warum gerade Englisch?
Weil ich will diese Filme mit Englisch gucken.
[KICHERT]

[SCHMUNZELT] Nadia, weißt Du vielleicht, wo Du geboren wurdest?
Italien.

Und wann bist Du nach Deutschland gezogen?
Da war ich zwei Jahre.

Ah ja, und weißt Du auch, ob Du schon einen Pass hast?
[ZUCKT MIT DEN SCHULTERN]

Was würdest Du denn sagen, Nadia, was ist eigentlich eine Deutsche oder ein Deutscher?
Eine Deutsche ist ein Mädchen von diesen Land hier.

Mhm, bist Du auch von diesem Land?
[KICHERT UND SCHÜTTELT DEN KOPF] Nee, Italien.

Also das heißt, jemand der Deutsch ist, muss auch hier geboren sein?
Aber ich bin in Italien geboren und ich kann so viel Deutsch, weil, ich war schon hier in Deutschland, als ich zwei Jahre war.

isst gern:
Brot mit Salami

schaut gern:
Sponge Bob

mag gern:
sich verkleiden

wäre später gern:
weiß sie noch nicht

67

Deeqa

Geht in die vierte Klasse / Geburtsland: Deutschland / Staatsangehörigkeit: Deutsch / Sprachen: Deutsch, Somali*, außerdem ein bisschen Englisch, Französisch und Arabisch, ganz wenig Türkisch

Hallo Deeqa.
Hallo.

[LÄCHELT] Jetzt würde ich Dich gerne einfach mal darum bitten, mir einen ganz typischen Schultagesablauf zu schildern.
Ja, o.k. – also, ich steh auf, dann wasch ich mein Gesicht, dann putz ich meine Zähne, dann zieh ich mich an und kämme meine Haare. Dann guck ich, ob alles in meinem Ranzen drin ist. Danach frühstücke ich, dann macht meine Mutter mein Pausenbrot und zu trinken, dann pack ich's in meinen Ranzen ein, dann les ich noch so fünf Minuten. Und dann, wenn's sieben Uhr dreißig ist, dann geh ich zur Schule.

Und was passiert dann in der Schule?
Ich komme, dann warte ich, weil ich immer zu früh bin. [LACHT]

[LACHT AUCH] Du bist immer zu früh? Wieso das denn?
Weiß nicht.

Gehst Du immer gerne früh los, damit Du auf keinen Fall zu spät kommst?
Ja. Dann warte ich, dann kommen meine Freunde, meine Schulkameraden, ja, dann bleiben wir noch ein bisschen, dann reden wir und so. Wenn's klingelt, dann kommt die Lehrerin. Ja, und dann gehen wir rein.

Macht es Dir denn Spaß in der Schule?
Ja.

Hast Du auch ein Lieblingsfach?
Ja. Mathe. Also eigentlich alle Fächer. Aber meine Lieblingsfächer sind Deutsch, Mathe und Englisch.

Gibt es auch etwas, was Du nicht gerne magst?

Nee.

Und wenn ich jetzt frage, ob Du etwas verändern möchtest am Unterricht? Hast Du eine Idee dazu?
Nein.

Hast Du denn Hobbies?
Ja, ich schwimme gerne, reite, lese, fahre Fahrrad.

Nimmst Du Schwimm- oder Reitunterricht?
Nein.

Sag Deeqa, welches ist denn Dein Lieblingsessen?
Spaghetti und Pizza, mir fällt grad nichts mehr ein.

Na das reicht ja auch. Liest Du denn gerne?
Ja.

Was liest Du denn, wenn Du liest?
Ich lese »Der kleine Vampir«, »Abenteuer der schwarzen Hand« und weitere Bücher.

Guckst Du denn auch gerne Fernsehen?
Ja, ab und zu.

Und wenn Du guckst, was ist denn da Deine Lieblingssendung?
Nick und Kika.

Ja, das sind Sender, und welche Sendung hast Du am liebsten?
Zum Beispiel »Zoey 101« oder »Ned's ultimativer Schulwahnsinn«.

Sind das Zeichentrickfilme?
Nein, mit Schauspielern.

Welches ist denn Dein liebstes Urlaubsland?
Türkei, die Türkei.

Warst Du da schon mal?

isst gern:
Spaghetti, Pizza

schaut gern:
Zoey 101,
Ned's ultimativer
Schulwahnsinn

mag gern:
Schwimmen,
Reiten, Lesen,
Fahrradfahren

wäre später gern:
Rechtsanwältin,
Ärztin, Lehrerin

Ja. In Istanbul. Dann mag ich noch USA.

Warst Du da auch schon mal?
Nein, aber ich geh.

Wann gehst Du da hin?
Ich weiß nicht, so im Sommer oder [SETZT AB]

Ah ja, wohin denn da?
L. A. oder New York.

Los Angeles oder New York, [LACHT] das ist ja genau entgegen-gesetzt, eines an der Westküste, eines an der Ostküste. Da habt Ihr Euch noch nicht entschieden. Aber Ihr fahrt auf jeden Fall?
Ja.

Es gibt auf der Welt so viele Sprachen, gibt es denn eine, die Dir besonders gut gefällt?
Ja, Spanisch, Chinesisch und Französisch und Arabisch.

Aha, kannst Du denn eine davon?
Ja, Arabisch kann ich etwas.

Woher?
Ja vom Koran.

Lernst Du das?
Ja.

Gehst Du in eine Schule, in speziellen Unterricht?
Nein.

Und wer hat Dir das beigebracht?
Meine Mutter. Also früher ging ich in den Unterricht in die Schule, aber jetzt nicht mehr.

Und da hast Du lesen und schreiben gelernt?
Ja, ein bisschen.

Nur aus dem Koran?
Nein, eigentlich nicht nur aus dem Koran. So zum Beispiel auch wie Tiere heißen und so.

Hat es Dir gefallen, das zu lernen?
Ja.

Und warum hast Du aufgehört?
Weiß nicht. Das war ja samstags und sonntags.

Zwei Tage?
Ja, und da musst ich immer so früh aufstehen.

Oh, und da hast Du keine Lust mehr gehabt.
Ja.

Gibt es denn etwas, was Du überhaupt nicht leiden magst?
Wenn man zickig ist, Streit, Lügen und so.

Hast Du noch Geschwister?
Ja, zwei.

Sind die älter als Du?
Ja, die sind vierzehn und fünfzehn.

Gibt es außer Deiner Mutter und Deinem Vater noch einen erwachsenen Menschen, den Du ganz besonders magst oder den Du ganz besonders toll findest?
Mein Opa und mein Onkel.

Warum die beiden?
[LACHT VERLEGEN] Keine Ahnung.

[LACHT AUCH] Weißt Du nicht, die magst Du einfach. Auf wen hörst Du denn am meisten?
Auf meine Mutter und auf meinen Vater und auch auf meine Schwestern.

Was möchtest Du denn werden, wenn Du erwachsen bist, hast Du schon eine Idee?
Ja, entweder Ärztin, Anwältin oder, was war's noch mal, ich hab's vergessen.

O.k., das reicht ja auch schon.
Oder Lehrerin.

Lehrerin auch, mhm, ein bestimmtes Fach?
Mathe und Deutsch.

Sag mal, weißt Du was Du tun musst, um das zu werden?
Ja, ich muss dann, wenn ich Ärztin werden will, dann muss ich, wenn ich jetzt mein Zeugnis bekomme, dann muss ich 1,0 haben.

Ja, Du brauchst ein Abitur als Schulabschluss.
Ja.

Wir hatten es vorhin schon mal von den Sprachen. Zähl mir doch mal auf, welche Sprachen Du kannst.
Erstmal Somalisch.

Somali.
Somalisch. [SEHR ENTSCHIEDEN, MIT BETONUNG AUF »-ISCH«]

Somalisch, o.k.
Dann Englisch, Deutsch und etwas Französisch

Arabisch?
Arabisch auch, ja, und Türkisch ein bisschen.

Türkisch auch? Wo hast Du denn Türkisch gelernt?
[SCHMUNZELT] Von meinen Freundinnen.

Das ist ja toll. Welche von den Sprachen benutzt Du denn am meisten?

Deutsch. [SEHR ENTSCHIEDEN]

Und welche kannst Du am besten?

Somalisch und Deutsch.

Beide gleich?

Ja.

Und wie sprichst Du mit Deinen Eltern?

Auch Somalisch. manchmal Deutsch.

Und was ist Somalisch für eine Sprache?

Also eine afrikanische, nur etwas anders.

Etwas anders?

Ja, wir reden auch so etwas Arabisch. Viele Wörter heißen das
Gleiche eigentlich wie Arabisch, und noch gemischt.

Gemischt womit?

Mit einer afrikanischen Sprache.

Mhm, und wie sprichst Du mit Deinen Geschwistern?

Deutsch.

Und nicht Somalisch?

[SCHÜTTELT DEN KOPF]

Warum nicht?

Weiß nicht, ich hab mir das angewöhnt.

Aha, und warst Du schon mal in Somalia?

Nein.

*Gibt es eine Sprache, die Du noch nicht kannst, die Du aber
gerne lernen würdest?*

Spanisch.

Spanisch, warum Spanisch?

Ich finde die Sprache schön.

Wo hast Du das schon mal gehört?

Bei meiner Schwester.

Kann sie Spanisch?

Nein, also, die möchte noch Spanisch lernen. Jetzt momentan
lernt die Französisch.

*Sag mal, wenn Du schläfst, dann träumst Du ja bestimmt
manchmal, in welcher Sprache träumst Du denn dann?*

Deutsch.

Nur Deutsch?

Nein, auch Somalisch oder Englisch oder Französisch oder so.

*[LACHT] Ok. Gibt es denn etwas, wovor Du am meisten Angst
hast?*

[ÜBERLEGT EINE GANZE WEILE] Vor Krieg.

*Vor Krieg, mhm, wo hörst Du denn, dass es manchmal Krieg
gibt?*

Afghanistan oder so, aus den Nachrichten.

Mhm. Bist Du schon mal umgezogen Deeqa?

Nein.

Und wo wurdest Du geboren, in welcher Stadt?

In Frankfurt.

Weißt Du, was Du für einen Pass hast?

Ja, 'n deutschen Pass.

*Aha, was heißt denn das für Dich – Deutschsein? Wer ist
denn ein Deutscher?*

Zum Beispiel Du. [LACHT]

Ich? Warum, woher weißt Du das?

Du bist hier geboren und Du redest ja die Sprache Deutsch.

Mhm [KLEINE PAUSE] und Du?

Ich rede auch eigentlich Deutsch, aber ich bin ja nicht aus
diesem Land.

*Warum? Du bist doch auch hier geboren, Du hast eben
genau die gleichen Sachen von Dir gesagt, wie von mir. Was
unterscheidet das?*

[DENKT SEHR LANGE NACH]

Wo ist der Unterschied?

Die Sprache. Weil ich rede Somalisch und Du redest ja nicht
Somalisch.

Ja, aber vielleicht kann ich eine andere Sprache.

Hm. [SEUFZT SCHWER]

*[LACHT] Jetzt staunst Du gleich: Ich hab eine italienische
Mutter.*

[SPERRT DIE AUGEN AUF] Ach so? [LACHT]

Also, was ist Deutschsein?

[LACHT HERZLICH] Keine Ahnung!

[LACHT AUCH] Wie würdest Du Dich denn selber bezeichnen?

Aber das merkt man an der Hautfarbe vielleicht?

Deutsche sind immer rot?

Nee weiß.

Ja?

Es gibt auch welche, die Halbdeutsche sind.

*Hm. Also gut, dann bedanke ich mich ganz herzlich bei
Dir, das war super spannend! [BEIDE LACHEN NOCH EINMAL
ZUSAMMEN]*

Christian

Geht in die dritte Klasse / Geburtsland: Deutschland / Staatsangehörigkeit: Deutsch / Sprachen: Deutsch, ein bisschen Englisch

Christian, erzählst Du mir mal wie ein ganz normaler Schultag bei Dir aussieht? Also Du wachst morgens auf und was passiert dann?
Ich frühstücke dann immer, dann, dann macht meine Mama mir ein Frühstücksbrot, dann putz ich mir meine Zähne, dann tu ich mich noch mal kurz ins Bett legen –

Nach dem Frühstück?
Ja.

Wie gemütlich.
Ja, wenn ich halt noch Zeit habe, mach ich das.

Sag mal, gefällt es Dir in der Schule?
Ja. Manchmal schon.

Und was ist, wenn es Dir manchmal nicht gefällt?
Dann ärgern mich oft viele Kinder.

Oh je, das ist nicht so schön. Christian, gibt es denn einen erwachsenen Menschen, außer Mama und Papa, den Du ganz toll findest?
Hm, meine Oma.

Warum?
Weil die immer so nett zu mir ist.

[LACHT AUF] Da hast Du aber Glück. [ÜBERLEGT EINEN MOMENT] Jetzt kommen wir mal zu einem anderen Thema: was kannst Du denn für Sprachen?
Deutsch und Englisch übe ich.

Wohin fährst Du gerne in den Urlaub?
Österreich.

Kannst Du auch ein bisschen Österreichisch?
Österreichisch ist eigentlich so wie Deutsch.

Ja, aber es klingt ein bisschen anders. Kannst Du das nachmachen?
Etwas. [LACHT]

Gibt es denn eine Sprache, die Du so toll findest, dass Du sagst: Hey, die will ich auch mal lernen?
Italienisch.

Und warum gerade Italienisch?
Weil ich da auch gerne Urlaub machen würde und die Italiener, die haben, ich glaube, die haben auch nicht so viel Übung in anderen Fremdsprachen.

Hast Du schon einen Pass eigentlich?
Was für einen?

Einen Reisepass.
Nein.

Bist Du ein deutsches Kind?
Ja.

Was heißt denn das eigentlich – Deutschsein?
Äh, dass man in Deutschland geboren ist und Mutter und Vater selbst Deutsche sind.

Das heißt, die müssen auch in Deutschland geboren worden sein?
Ja, aber es gibt welche, die nach Deutschland umgezogen sind, damit sie Geld verdienen können.

Aha.
In Afrika können die auch nicht viel Geld verdienen.

Aha, und wie findest Du das, dass die dann hierher umziehen?
Ja, gut weil damit sie auch wenigstens noch etwas zu Essen in der Hand halten können.

isst gern:
Linsensuppe

schaut gern:
Sponge Bob

mag gern:
Klettern

wäre später gern:
Chemiker

Saniye

Geht in die vierte Klasse / Geburtsland: Deutschland / Staatsangehörigkeit: Deutsch und Türkisch / Sprachen: Deutsch, Türkisch, etwas Englisch

Saniye, wie gefällt es Dir denn in der Schule?
In der Schule gefällt es mir eigentlich jetzt besser. In der dritten Klasse hatte ich keine Lust irgendwie und jetzt ist es irgendwie besser.

Ach so? Warum?
Keine Ahnung, irgendwie sind die Hausaufgaben jetzt leichter und es macht jetzt irgendwie auch Spaß.

Aha, das ist aber toll. Was war denn in der dritten Klasse, dass es Dir nicht so viel Spaß gemacht hat?
Also, da hatte ich irgendwie keine Lust. Und ich glaub, jetzt bin ich doch auch noch in Mittagsbetreuung angemeldet worden – und das macht jetzt auch mehr Spaß.

Ah ja, und machst Du da Deine Hausaufgaben?
Ja.

Und das kannst Du jetzt besser in der Mittagsbetreuung machen?
Ja, und das ist leicht da in der Mittagsbetreuung und dann musst Du zu Hause nichts mehr machen.

Hilft Dir da jemand in der Mittagsbetreuung?
Ja, da is eine Frau.

Hat Dir das jetzt auch für die Schule geholfen?
Ja.

Schön, jetzt aber mal ein ganz anderes Thema: Weißt Du denn schon, was Du später werden möchtest?
Kinderkrankenschwester, wie meine Tante.

Toll – und wie möchtest Du wohnen, wenn Du mal groß bist?
Vielleicht will ich gar nicht heiraten.

Ja, das ist möglich, aber wohnen musst Du ja trotzdem irgendwo, oder?
[LACHT] Ja!

Wie möchtest Du denn gerne wohnen und wo?
Vielleicht, wenn meine Freundin'n auch nicht heiraten möchten, dann frag ich sie, ob die mit mir ein Haus machen wollen.

Und wo soll das Haus stehen?
Also, ich will auch schon mal ein Haus haben, wo draußen ein Schwimmbad ist.

In welchem Land soll das Haus denn stehen?
In der Türkei oder hier.

Welche Sprache kannst Du denn besser?
Deutsch.

Deutsch besser als Türkisch?
Ja, weil manche Wörter sagen immer meine Kusinen in der Türkei und da sag ich »Was heißt das?«. Ich kapier manche Sachen nicht.

Mhm, und welche Sprache benutzt Du am meisten?
In der Türkei hatt ich immer Türkisch geredet, aber jetzt ist es irgendwie komisch, ich rede immer Deutsch in der Türkei.

Verstehen die Dich denn dann?
Die sagen »Was hast Du gesagt?« Dann sag ich »Äh, hab ich auf Deutsch gesagt.«

Ach das kommt so automatisch oder wie?
Ja, ich will was sagen und ich denk das sind die deutschen Kinder, und danach sag ich's auf Deutsch, weil, ich bin hier auch schon lange und gewöhnt dran.

---

isst gern:
Kartoffelbrei

schaut gern:
KIKA und eine türkische Sendung

mag gern:
Tanzen, Singen, Hip Hop, Ballett

wäre später gern:
Kinderkrankenschwester

Qiqi

Geht in die zweite Klasse / Geburtsland: Deutschland / Staatsangehörigkeit: Chinesisch / Sprachen: Deutsch, Chinesisch, noch ein anderes Chinesisch, etwas Japanisch und ein bisschen Englisch

Qiqi, was gefällt Dir denn am besten in der Schule?
Schreibschrift und Musik und Mathe und 'n bisschen Deutsch und Kunst.

Gibt es auch etwas, was Dir nicht so gut gefällt?
Deutsch.

Warum?
Ich bin bei Sprache nicht gut.

Ach so? Wie kommt denn das?
Ich bin beim Sprechen nicht so gut.

Na so was, sag mal, würdest Du gerne etwas verändern an der Schule?
Ja. Kein Deutsch machen. [SAGT ES SEHR ENTSCHIE-DEN UND KICHERT ANSCHLIESSEND]

Hm, das wird wohl nicht gehen. [LÄCHELT AUF-MUNTERND] Sag mal, fährst Du auch manchmal in Urlaub?
Ja, nach China.

Qiqi, sprichst Du auch Chinesisch?
Ja.

Kannst Du noch andere Sprachen?
Und 'n bisschen Englisch.

Und Deutsch. [BEIDE LACHEN] Zähl noch einmal alle auf, die Du kannst.
Vier Stück, nein fünf: Deutsch und bisschen Japanisch und Englisch, Chinesisch und noch 'n anderes Chinesisch kann ich auch.

Ganz schön viele Sprachen – kannst Du denn schon richtig gut Englisch?
Mm [VERNEINT] nur so. [ZEIGT MIT DEN FINGERN EIN KLEINES BISSCHEN]

Und welche Sprache benutzt Du am meisten?
Chinesisch.

Sprichst Du das am häufigsten?
Mit meiner Schwester immer.

Und mit Deinen Eltern sprichst Du Chinesisch?
Ja, und mit der Oma auch.

Und welche Sprache kannst Du am besten?
Chinesisch.

Weißt Du denn, in welchem Land Du geboren wurdest?
Deutschland.

Hast Du denn schon einen Pass?
Pass? Was ist Pass?

Ein Ausweis.
Ja.

Und was ist das für einer?
Der is chinesisch. Mein Bruder hat 'n deutschen, meine Schwester hat auch 'n deutschen.

Und Du chinesisch?
Ja.

Sag mal, wie würdest Du Dich denn bezeichnen? Als Deutsche?
Ich kann nach Deutschland gehen und überall. [KLATSCHT ZUR BEKRÄFTIGUNG MIT DEN FLACHEN HÄNDEN AUF DEN TISCH]

Und was bist Du? Bist Du ein deutsches Kind?
Nein, chinesisch.

Ja? Woran merkt man das?
Die sagen immer: Du bist so. [HEBT DIE STIMME, AHMT IHRE SCHULKAMERADEN NACH UND ZIEHT MIT DEN FINGERN IHRE AUGEN IN DIE LÄNGE]

isst gern:
Eis

schaut gern:
Sponge Bob und Winx Club

mag gern:
Kunst, Malen

wäre später gern:
Malerin oder Sängerin

Asya

Geht in die zweite Klasse / Geburtsland: soweit sie weiß, Deutschland / Staatsangehörigkeit: weiß sie nicht / Sprachen: Deutsch, Türkisch

Asya, gibt es denn irgendetwas, das Du überhaupt nicht leiden kannst?
Ja, so zum Beispiel bei meim Papa im Dorf, da macht man so fast jeden Tag so ehm eklige Sachen. Die schneiden* dann Ziegen und so, uääh. [VERZIEHT DAS GESICHT] Das kann ich nicht sehn – [STUTZT KURZ] aber ich ess sie. [LACHT]

[LACHT MIT] Sag mal, welches ist denn Deine Lieblingssprache? Gibt's eine, die Du ganz toll findest?
Türkisch.

O.k. – jetzt erzähl mir doch mal, welche Sprachen Du kannst.
Ich kann ein bisschen- ich kann viel Türkisch und eine Wort von Chinesisch, also ni hau bedeutet hallo und von Englisch kann ich zählen – bis zehn und ehm von Italienisch weiß ich ein Wort, wie in Chinesisch, also das bedeutet bella, das bedeutet schön und capito bedeutet verstanden oder ja [KICHERT] und ehm si bedeutet ja und no bedeutet nein, und das weiß ich von Italienisch und hm gar nix mehr.

Wie sprichst Du denn die ganze Zeit?
Und Deutsch! [GLUCKST]

Welche Sprache kannst Du denn am besten von allen?
Deutsch kann ich am besten, weil ich bin in Deutschland geboren, aber meine Eltern kommen aus der Türkei [DENKT NACH] und weil ich hier viele Jahre, also acht Jahre [SIE IST ACHT JAHRE ALT], bin und darum kann ich viel Deutsch.

Mhm. Und wie sprichst Du mit Deinen Eltern?

Ein bisschen Türkisch. Also ich kann so viel Deutsch – und darum spreche ich viel Deutsch und ein bisschen Türkisch.

Und welche Sprache benutzt Du am meisten?
Deutsch.

Gibt es noch eine Sprache von der Du sagst: Mensch, die will ich lernen?
Ehm, ich will viel Chinesisch lernen.

Warum gerade Chinesisch?
Weil das so 'ne schöne Sprache ist und schön sich anhört und das war's. Weil meine Freunde sind Chinesen. Also alle Sprachen sind schön, aber...

...Chinesisch interessiert Dich besonders.
Ja.

Weißt Du auch, was Du für einen Pass hast?
[SCHÜTTELT DEN KOPF]

Weißt Du nicht. Bist Du ein deutsches Kind?
Mhm. [BEJAHT]

Was heißt denn Deutschsein?
Deutschsein ist ehm zum Beispiel ehm wie kann ich es jetzt sagen? Also wenn jemand so in Deutschland geboren ist. Wenn zum Beispiel jemand so türkisch aussieht, dann ist das türkisches Kind, oder wenn jemand deutsch aussieht, das ist deutsches Kind. Also von Sprache auch. Und [DENKT WEITER NACH] was die essen auch, weil manche Sachen essen nicht, also Türken.

Und was bist Du für ein Kind?
Deutsches – aber Muslim.

isst gern:
Salat

schaut gern:
Sponge Bob

mag gern:
Schwimmen, Galgenmännchen spielen

wäre später gern:
Mathelehrerin

Hariss

Geht in die dritte Klasse / Geburtsland: Deutschland / Staatsangehörigkeit: Deutsch / Sprachen: Deutsch, Bosnisch, Englisch

Hariss, wie sieht ein ganz normaler Schultag bei Dir aus. Du wachst morgens auf, frühstückst und dann?
Nein, ich frühstücke eigentlich nie zu Hause, weil ich nie Zeit habe. Als erstes steh ich auf, putz meine Zähne, crem mein Gesicht ein und so, und dann mach ich mich fertig. Dann sag ich meiner Katze nur noch tschüss, weil ich hab eine. Meiner Mutter sag ich auch noch tschüss. Dann geh ich in die Schule. Wenn ich noch Zeit habe, so zehn, zwanzig oder vierzig Minuten, dann gehe ich in die Frühbetreuung und da gibt's Essen.

Super, und wie gefällt Dir der Unterricht?
Also, meine Lieblingssachen sind Sport, Musik geht, ja, und dann noch lesen, und dann vielleicht Mathe oder so, Sachunterricht äh nein Deutsch.

Deutsch gefällt Dir gut?
Ja, das ist mein Lieblingsfach fast, nur Sport ist dazwischen.

Weißt Du auch schon, was Du als Erwachsener werden möchtest?
Ein Polizist würd ich gern sein, aber wenn ich das nicht schaffe, dann würde ich gern etwas anderes sein.

Warum solltest Du das nicht schaffen?
Vielleicht. Ich und mein Lehrer haben mal im Internet nachgeguckt, wie man Polizist werden kann: erst wenn man in Gymnasium oder Real ist und wenn man in Deutsch ne eins oder zwei hat und in Mathe.

Und wie ist das bei Dir?

Ich weiß meine Noten noch nich. Früher hatt ich in Deutsch ne zwei.

Prima. Gibt es denn auch eine Sprache, die Dir besonders gut gefällt?
Ja, die deutsche Sprache ist schön, also, kann man ein bisschen leicht aussprechen.

Und welche Sprachen kannst Du?
Englisch, Bosnisch und Deutsch. Drei Sprachen.

Und welche kannst Du am besten?
Deutsch kann ich am besten, am zweitbesten Bosnisch, dritt kann ich Englisch.

Und wie würdest Du Dich selbst bezeichnen? Bist Du ein deutsches Kind?
Ich bin eigentlich bosnisch, aber ich bin in Deutschland geboren.

Was ist den überhaupt der Unterschied zwischen jemandem, der deutsch ist und jemandem, der nicht deutsch ist?
Dass der eine Deutsch spricht und der andere nicht, nein, dass der andere eine andere Sprache spricht.

Und welches ist Dein größter Wunsch?
Nix Elektrisches, ich würde gerne eine große Wohnung haben. Meine Familie wartet schon drauf, wir sparen schon.

isst gern:
Pizza, Spaghetti, Cous Cous

schaut gern:
Die Simpsons

mag gern:
Tischtennis, Judo, Schwimmen, draußen spielen

wäre später gern:
Polizist

Kinga

Geht in die dritte Klasse / Geburtsland: Deutschland / Staatsangehörigkeit: Polnisch und Iranisch/ Sprachen: Deutsch, Polnisch, ein bisschen Iranisch, ein bisschen Englisch

Kinga, gibt es ein Fach, das Du gar nicht magst?
Mhm [BEJAHT BEDAUERND] Deutsch.

Warum?
Ich bin nicht so gut bei Deutsch.

Aha, und weißt Du auch, wo das Problem ist?
Mm. [VERNEINT]

Weißt Du gar nicht, bist einfach nicht so gut. Findest Du das selbst auch?
Ja. [ÜBERLEGT NOCH, DANN SEHR ENTSCHLOSSEN] Eigentlich nein.

Mhm, zähl mir doch bitte mal auf, welche Sprachen Du kannst, ja?
Ich kann ein bisschen Iranisch, Polnisch, ein bisschen Englisch, sonst gar nichts.

Deutsch kannst Du auch noch, hm? [BEIDE LACHEN] Klasse, das sind ganz schön viele. Welche davon kannst Du denn am besten?
Polnisch.

Und welche Sprache benutzt Du am meisten?
Die deutsche.

Wie kommt das?
Weil ich hier in Deutschland geboren wurde, und deshalb kann ich besser Deutsch.

Und warum sagst Du, dass Du besser Polnisch kannst als Deutsch?
Ja, weil ich auch mit meiner Mutter immer in Polen bin, deshalb. Und wenn ich aus den Ferien wieder hierher komme, kann ich nur noch Polnisch und nicht mehr so gut Deutsch.

Und wie sprichst Du mit Deinen Eltern?
Mit meiner Mutter manchmal Polnisch und Deutsch. Mit meinem Vater nur Deutsch.

Mhm, und mit Deinen Freunden?
Mit meinen Freunden Deutsch.

Gibt es eine Sprache, die Du noch gerne lernen möchtest?
Nein, gibt's nicht.

Kinga, bist Du denn schon mal umgezogen?
Ja, einmal, weil wir hatten ein, also Wasser ist überall hingekommen.

Einen Wasserschaden? Oh je. Der Umzug war aber innerhalb von Deutschland?
Ja.

Weißt Du auch schon, welchen Pass Du hast?
Ja, ich hab einen iranischen, ein polnischen und sonst gar keinen.

Ist Dein Papa Iraner?
Ja.

Was ist denn Iranisch für eine Sprache?
So [DENKT NACH] so bisschen schwer.

Schwer, warum?
Weil ich so ein paar Sachen nicht kann und die haben eine sehr komische Schrift.

Hm, eine andere Schrift, heißt das, Du lernst es auch schreiben und lesen?
Nein.

Kinga, was ist denn für Dich Deutschsein?
Was soll ich da jetzt sagen?

Na, was Du denkst, das ist ganz offen. Also, wer ist denn überhaupt ein Deutscher?
Das heißt, dass er hier geboren wurde und dass er die Sprache am meisten kann.

Mhm, wie würdest Du Dich selber bezeichnen?
Weiß ich nicht.

isst gern:
Lasagne

schaut gern:
Winx Club

mag gern:
mit Freunden Versteckenspielen, Schlafen, Lernen

wäre später gern:
Zahnärztin

Nastasija

Geht in die vierte Klasse / Geburtsland: Deutschland / Staatsangehörigkeit: die deutsche Staatsangehörigkeit ist beantragt / Sprachen: Deutsch, Serbisch, Kroatisch, ein bisschen Englisch, ein paar Wörter Türkisch

Nastasija, hast Du ein Lieblingsfach in der Schule?
Ja, Sachunterricht.

Und gibt es auch ein Fach, was Du nicht so gerne magst?
Ja, Deutsch.

Warum?
Weil, da bin ich nicht so gut drin, und das mag ich einfach nicht.

Und was heißt, Du bist da nicht gut?
Ja, Deutsch mag ich einfach nicht. Mehr mag ich Mathe als Deutsch.

Was sprichst Du denn für Sprachen, Nastasija?
Ein bisschen Englisch, Serbisch, Deutsch. Und ich war ja in der Türkei, da hab ich ein paar Wörter gelernt, aber nicht so viele.

Aha, und gibt es eine Sprache, die Du besonders gerne hast?
Meine Sprache, die kann ich am besten.

Welches ist denn Deine Sprache?
Serbisch und Kroatisch. Mein Papa ist aus Kroatien, aber auch in Serbien. Die haben mal früher in Kroatien gelebt. Aber jetzt nicht mehr. Die haben aber dort ein Haus.

Mhm, Nastasija, was machst Du denn in Deiner Freizeit besonders gerne?
Also, Schwimmen, Inlinerfahren, Skifahren und Malen.

Wo warst Du denn in den letzten Ferien?
Also, in meinem Land, in Serbien.

Bist Du oft in Serbien?
Ja, manchmal geh ich auch in die Türkei.

Und welches ist Dein liebstes Urlaubsland?
Bei mir, dort wo mein Haus ist, in Serbien. Da mag ich dann am meisten die schöne Natur und Luft und so.

Das klingt schön. Sag mal Nastasija, weißt Du auch, ob Du einen Pass hast?
Ja, ich hatte erstmal einen serbischen, und dann hab ich noch einen kroatischen bekommen. Jetzt ist der serbische abgelaufen, jetzt krieg ich ein deutschen Pass. Meine Mutter hat das gemacht.

Und, bist Du dann Deutsche?
Hm, ich möchte das nicht.

Warum nicht?
Ich weiß nicht. Also, ich bin aber dann nicht echt Deutsche.

Was ist denn echt Deutsch?
Also, wie ganz normale Deutsche.

Und was ist ein ganz normaler Deutscher?
Die Mutter ist Deutsch und der Vater.

Aha, ok, aber was genau heißt das? Du bist ja in Deutschland geboren, Du kriegst einen deutschen Pass, Du lebst hier, gehst hier zur Schule und fühlst Dich aber nicht Deutsch?
Mm [VERNEINT] möcht ich auch nicht sein.

Möchtest Du auch nicht sein, warum nicht?
Ich weiß nicht. Ich mag einfach nicht, einfach so, ich mag in meine Sprache bleiben.

Du möchtest in Deiner Sprache bleiben?
Ja, Serbischsein.

Serbischsein.
Ja, ganz normal.

isst gern:
Spaghetti und Pommes

schaut gern:
Building Creatures (Tiersendung)

mag gern:
Schwimmen, Inliner fahren, Skifahren, Malen

wäre später gern:
Model

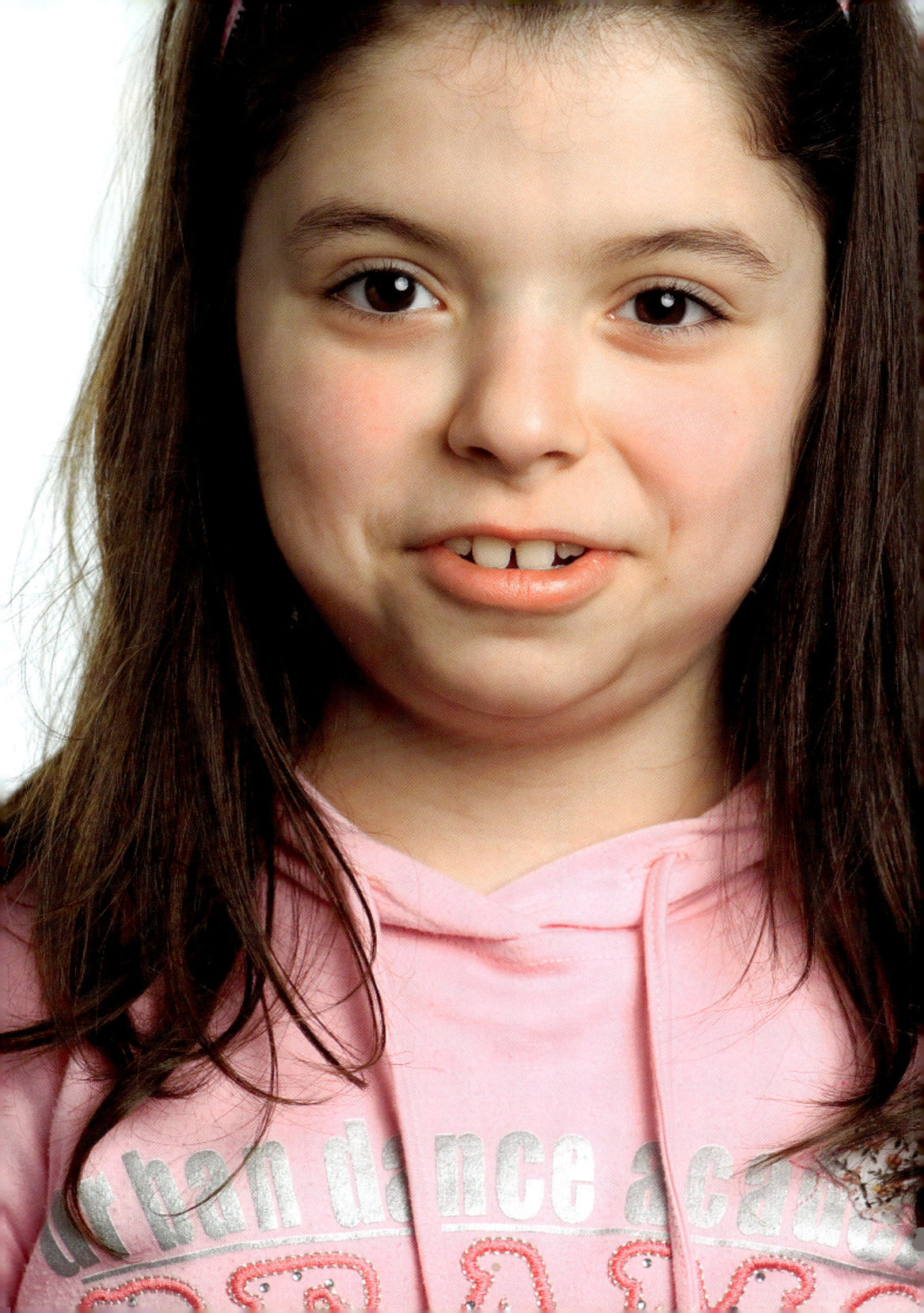

Merve

Geht in die zweite Klasse / Geburtsland: Deutschland / Staatsangehörigkeit: weiß sie nicht / Sprachen: Türkisch, Deutsch

Merve, erzähl mir doch mal den Ablauf von einem ganz normalen Schultag. Wie sieht ein Schultag bei Dir aus, also Du wachst morgens auf, und was passiert dann?
Wenn ich in die Schule komm, dann spiel ich, manchmal schreib ich auch ein Brief.

Wem schreibst Du denn dann?
Meinen Freundinnen.

Liest Du auch gerne?
Ja

Leihst Du Dir auch Bücher aus?
Ja.

Wo leihst Du Dir denn die Bücher aus?
Von Bücherei.

Hier aus der Schulbücherei? Oder gehst Du auch in die Stadtbücherei?
Hier.

Und welche Bücher liest Du gerne?
Pippi Langstrumpf.

Mhm. Gibt es auch türkische Bücher, die Du magst?
Ja.

Wovon handeln die?
So ein Clown, der hat schlechte Laune.

Warum hat er denn schlechte Laune?
Weil er niemanden zum Lachen bringen kann.

Oh je, das ist aber wirklich traurig für einen Clown. Merve, sag mir doch mal, wie viele Sprachen kannst Du denn?
Deutsch und Türkisch.

Welche davon kannst Du am besten?
Türkisch.

Mhm, und welche Sprache benutzt Du am meisten?
Deutsch.

Und wie sprichst Du denn zu Hause mit Deinen Eltern?
Türkisch.

Und mit Deinen Geschwistern?
Deutsch. Weil meine Mutter versteht nicht Deutsch.

[LACHT] Sag mal, gibt es denn eine Sprache, die Du gerne noch lernen möchtest?
Ja, Italienisch. [SCHMUNZELT]

Ja, warum? Warum gerade Italienisch und nicht Chinesisch?
[ÜBERLEGT LANGE] Weiß ich nicht.

Wie sprichst Du denn mit Deinen Freunden?
Mit meinen deutschen Freunden Deutsch und mit meinen türkischen Freunden Türkisch.

Und die türkischen Freunde, wohnen die auch hier?
Ja.

Sag mal Merve, wenn Du schläfst, dann träumst Du ja manchmal, in welcher Sprache träumst Du denn dann?
Türkisch.

Und gibt es etwas, dass Du Dir am allermeisten wünschst?
Ja, ein Baby Björn, der ganz alleine schwimmen kann.

isst gern:
Pommes

schaut gern:
Sponge Bob

mag gern:
Schwimmen

wäre später gern:
Friseuse

Aboubaker

Geht in die dritte Klasse / Geburtsland: Deutschland / Staatsangehörigkeit: Deutsch / Sprachen: Deutsch, Französisch, Arabisch, ein bisschen Englisch

Abou, es gibt ja ziemlich viele Sprachen auf der Welt, gibt es denn eine, die Dir besonders gut gefällt?
Französisch.

Warum magst Du das so gerne?
Weil ich das so gut sprechen kann.

Ah ja, und welche Sprachen kannst Du denn noch?
Marokkanisch und sonst keine.

Französisch und Marokkanisch und kein Deutsch?
Doch. [LACHT]

[LACHT MIT] Doch, das sind ja schon mal drei Sprachen, Deutsch, Marokkanisch und Französisch. Wenn Du sagst Marokkanisch, was ist das denn für eine Sprache?
[ÜBERLEGT EINEN MOMENT] Arabisch.

Arabisch. Kannst Du das auch schreiben und lesen?
Lesen ein bisschen und schreiben auch ein bisschen, so von Arabischunterricht.

Und welche Sprache kannst Du am besten von den Sprachen, die Du kannst?
Eigentlich Deutsch.

Und welche Sprache benutzt Du am meisten?
Französisch.

Mit wem sprichst Du denn Französisch?
Mit meiner Mutter, also mit meiner ganzen Familie.

Was möchtest Du denn mal machen, wenn Du erwachsen bist?
Lehrer.

Und in welchem Fach?
Irgendeins – Mathe.

Abou, jetzt hab ich noch mal eine ganz andere Frage, weißt Du, ob Du schon einen Pass hast?
Ja.

Einen deutschen Pass?
Ja.

Und wie würdest Du Dich selber bezeichnen? Bist Du ein deutsches Kind?
Marokkanisch.

Warum?
Weil ich die Sprache hm ein bisschen, also, ich finde Marokkanisch am besten.

Und was gefällt Dir so gut daran?
Da reden die so witzig.

Und im Deutschen redet man nicht so witzig?
Eigentlich schon.

Was ist denn für Dich der Unterschied zwischen Deutschsein und Nicht-Deutschsein?
Weiß ich nicht.

Gibt es einen Unterschied?
Nee.

---

isst gern:
Lasagne

schaut gern:
Fußball

mag gern:
Fußballspielen

wäre später gern:
Mathelehrer

Naomi

Geht in die dritte Klasse / Geburtsland: Deutschland / Staatsangehörigkeit: weiß sie nicht / Sprachen: Deutsch, Italienisch, etwas Englisch

Naomi, welche Sprachen kannst Du denn?
Ja, Deutsch auf jeden Fall, Italienisch und ein bisschen Englisch.

Und welche davon kannst Du am besten?
Italienisch.

Und welche benutzt Du am meisten?
Deutsch.

Wie sprichst Du denn mit Deinen Eltern?
Gemischt.

Gemischt?
Mit meinem Papa, der versteht mehr Italienisch, dann sprech ich mit den Italienisch, und mit meiner Mutter sprech ich Deutsch.

Waren Deine Eltern als Kinder auch schon hier?
Mama wurde hier geboren, mein Papa wurde in Italien geboren.

Mhm, und hast Du noch Geschwister?
Ja, eins, Marco.

Ist Dein Bruder jünger oder älter?
Jünger.

Und wie sprichst Du mit ihm?
Deutsch. Der geht mir aber manchmal auf die Nerven.

[LACHT] Wie alt ist er denn?
Fünf.

Na ja. [VERSÖHNLICHER TON] Und wie sprichst Du mit Deinen Freunden?
Deutsch.

Naomi, weißt Du auch, ob Du einen Pass hast?
Weiß ich nicht.

Was heißt denn für Dich Deutschsein? Wer ist denn deutsch, oder was ist ein Deutscher?
Hm, weiß ich nicht.

Wie würdest Du Dich denn selber sehen?
Italienerin.

Warum?
Weil ich Italienisch spreche.

Aber Du sprichst ja auch Deutsch.
Ja. [DENKT NACH] Ich weiß es nicht.

Was glaubst Du denn, was ich bin?
Deutsche.

Warum? Was an mir ist Deutsch?
So, wie Du aussiehst.

Wie seh ich denn aus?
Wie eine Deutsche.

Und wie sieht eine Deutsche aus?
Kann ich nicht sagen. Weiß ich nicht.

Und wenn ich Dir jetzt sage, dass meine Mama Italienerin ist?
[SCHWEIGT ÜBERRASCHT UND LÄCHELT VERLEGEN]

Was bin ich denn jetzt?
Italienerin.

Und mein Papa ist Deutscher.
[GLUCKST UND KICHERT]

Was machen wir jetzt?
[ACHSELZUCKEN]

Ist das denn überhaupt wichtig?
Ja! [SEHR ÜBERZEUGT] Manchmal.

Warum, was ist wichtig daran?
Weil man wissen muss, was man ist. Weil sonst können die nicht sagen, ob Du Italienerin oder Deutsche bist.

isst gern:
Hamburger und Pommes

schaut gern:
Drake & Josh

mag gern:
Tennis, Fußball

wäre später gern:
Tennisspielerin

Egzona

Geht in die vierte Klasse / Geburtsland: Deutschland / Staatsangehörigkeit: Deutsch / Sprachen: Deutsch, Albanisch, Mazedonisch, ein bisschen Englisch

Egzona, welches ist denn Dein Lieblingsfach in der Schule?
Sachunterricht.

Gibt es auch etwas, was Du gar nicht so magst?
Ja, Mathe.

Mathe magst Du nicht so gern – warum?
Weiß nich, weil ich bekomm da nich immer so gute Noten.

Oh je, wie schade. Egzona, wie ist das dafür mit Sprachen? Hast Du vielleicht eine Lieblingssprache?
Ja, Mazedonisch und Albanisch.

Mazedonisch und Albanisch?
Ja, das ist eigentlich gleich, aber der Dialekt von meine Mama, der betont sich anders [BEZIEHT SICH AUF DIE UNTERSCHIEDLICHE AUSSPRACHE], weil zum Beispiel in Bosnien und Serbien ist das ja auch so. Und das ist auch so bei meine Mama und mein Papa.

Mhm, und welche Sprache spricht Deine Mama?
Meine Mama Mazedonisch. Die kann auch Albanisch, was mein Papa spricht, aber mein Papa kann nich so gut das, was meine Mama spricht.

Aha. Wie sprechen die dann meistens?
Albanisch, so wie mein Papa.

Und Du, was sprichst Du am meisten?
Das, was der Papa immer spricht.

Mhm, wenn Du zu Hause bist.
Ja.

Zähl doch bitte mal für mich auf, welche Sprachen Du alle kannst.

Englisch kann ich ein bisschen, dann Deutsch und Albanisch.

Mhm und Mazedonisch?
Ja, kann ich auch.

Welche von diesen Sprachen sprichst Du denn am häufigsten?
Albanisch.

Und wenn Du mit Deinen Freunden unterwegs bist oder wenn ihr spielt, wie sprichst Du dann?
Deutsch.

Und welche von den Sprachen kannst Du am besten?
Albanisch.

Besser als Deutsch?
Ja, [ZÖGERT] ich weiß es nich so.

Fühlst Du Dich in beiden Sprache ganz wohl oder gibt es eine Sprache, die Du nicht so gerne sprichst?
Doch, die sprech ich alle gern.

Weißt Du auch, was Du für einen Pass hast?
Ein deutschen Pass.

Wenn Du einen deutschen Pass hast, bist Du dann auch Deutsche?
Ich weiß es nicht.

Du weißt es nicht?
Nein.

Was ist denn Deutschsein überhaupt?
Deutsch?

Wie ist denn jemand, der Deutsch ist?
[ÜBERLEGT LÄNGER, DANN SEHR ENTSCHIEDEN]
Ein normaler Mensch.

isst gern:
Pizza und Spaghetti

schaut gern:
Zoey 101, Sponge Bob

mag gern:
Malen

wäre später gern:
Kinderärztin

93

Jonas

Geht in die dritte Klasse / Geburtsland: Deutschland / Staatsangehörigkeit: Deutsch / Sprachen: Deutsch, ein bisschen Englisch

Jonas, woran erkennt man denn eigentlich jemanden, der Deutsch ist?
Wenn er ganz gut Deutsch reden kann.

Das ist das Einzige?
Ja.

Mhm, wie ist das denn in Deiner Klasse?
Hm, da sind viele Deutsche, aber da sind auch ein paar Marokkaner [ÜBERLEGT] ja, einer, und ein Franzose und zwei Portugiesen.

Und wie sprechen die alle?
Die sprechen alle gut Deutsch.

Was macht sie dann zu Portugiesen, Marokkanern oder Franzosen?
Hm? [STAUNT ÜBER DIE FRAGE]

Warum sind sie dann Portugiesen oder Marokkaner oder Franzosen? Du hast ja eben gesagt, jemand der deutsch ist, spricht gut Deutsch, und du hast gesagt, Deine Mitschüler sprechen gut Deutsch.
Ja, die lernen auch viel Deutsch bei uns, die kriegen ja auch hier Nachhilfe in Deutsch – nach der Schule – deswegen auch.

Mhm, mhm. Und wenn sie es dann mal können, sind sie dann Deutsche?
Nein, dann sind sie immer noch aus ihrem Land, wo sie herkommen.

Was glaubst Du denn, wo die alle geboren wurden?
In Deutschland.

Aus welchem Land kommen sie dann?
Deutschland.

Hm, jetzt wird's schwierig, oder?

Ja.

Was machen wir denn jetzt damit?
[ÜBERLEGT LANGE] Weiß ich nicht. [HEBT RATLOS DIE SCHULTERN]

[LÄCHELT GENAUSO RATLOS] Ich glaube, darüber muss man wohl noch mal nachdenken. Wir haben ja eben schon über Sprachen gesprochen, gibt es eine, die Du noch gerne lernen möchtest?
Ja, Spanisch.

Warum?
Ich bin Spanienfan.

Wie kommt das?
Ich hab einen Freund aus Spanien.

Wohnt der hier oder ist der in Spanien?
Hier in Frankfurt.

Weißt Du noch etwas anderes über Spanien?
Ja, der Fußballverein.

Welcher ist es denn? Barcelona?
Spanien, das Land meinte ich.

Die Nationalmannschaft?
Ja.

Gibt es denn auch ein Urlaubsland, das Du besonders schön findest?
Ja, Türkei.

Warst Du da schon?
Ja.

Und, wie ist es da?
Schön, im Hotel.

Was ist da anders als hier?
Da ist ein großer Pool, ein sehr großer. Abends ist da immer Show. Ja, und halt Musical manchmal.

isst gern:
Spaghetti Bolognese

schaut gern:
Sponge Bob

mag gern:
Fußball, Skifahren

wäre später gern:
Fußballstar
oder Polizist

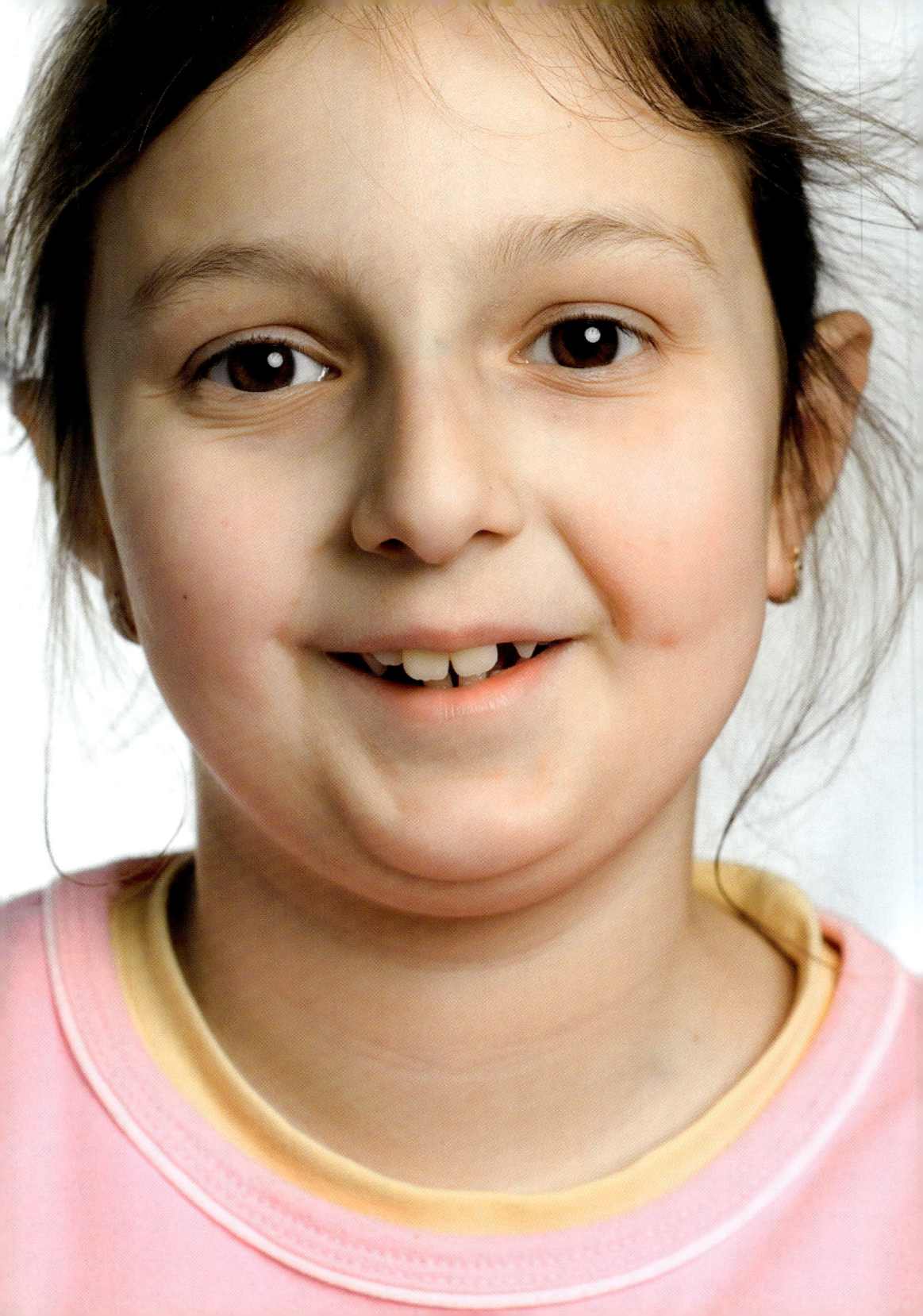

Derya

Geht in die zweite Klasse / Geburtsland: Deutschland / Staatsangehörigkeit: weiß sie nicht / Sprachen: Deutsch, Türkisch

Derya, wie ist es denn so in der Schule, was machst Du da?
Ich mache [ÜBERLEGT SEHR LANGE]

Was lernst Du denn in der Schule?
Mathematik, Deutsch, Sachunterricht, Kunst.

Und was gefällt Dir am besten?
Deutsch.

Gibt es auch etwas, das Du nicht so magst?
Mathe.

Guckst Du Dir denn gerne Bücher an?
Ja, und ich les auch.

Du liest auch gerne. Welches ist denn Dein Lieblingsbuch? Hast Du eins?
Ja, zu Hause, das heißt »Anna fährt ans Meer«.

Worum geht es da? Was macht die Anna am Meer?
Die baut eine Burg, und oben ist so ein Stern.

Das klingt schön. Fährst Du auch manchmal in Urlaub, wenn Ferien sind?
Ja.

Wo fährst Du denn da am liebsten hin?
In die Türkei.

Wie ist es denn in der Türkei?
Da gibt's Pferde, Kühe, da kann man alleine spazieren gehen.

Du meinst, Du als Kind kannst alleine gehen?
Ja.

Würdest Du das hier auch gerne machen?
Nein.

Warum nicht?
Weiß nicht.

Gefällt es Dir hier nicht so gut zum Spazieren-gehen?

Doch.

Aber Du kannst nicht alleine gehen?
Ja.

Ist es zu gefährlich?
[NICKT ENERGISCH MIT DEM KOPF]

Derya, welchen erwachsenen Menschen, außer Mama und Papa, findest Du ganz toll?
Meine Lehrerin.

Und hast Du auch eine Idee, was Du gerne mal werden möchtest, wenn Du erwachsen bist?
[NICKT ERST EIFRIG, ÜBERLEGT DANN LANGE] Ich weiß nicht.

Hast Du denn einen Traum oder eine Phantasie, wie Du gerne mal wohnen möchtest?
Ja, in einer Villa.

Wieso, wie muss es da sein?
Mit ein großen Schwimmbad.

Toll. Derya, welche Sprachen kannst Du denn eigentlich?
Deutsch und Türkisch.

Und welche kannst Du am besten?
Ja, Türkisch.

Und welche benutzt Du am meisten?
Deutsch.

Mit wem sprichst Du denn alles Deutsch?
Mit meinen Freundinnen, mit meine Schwester und meim Vater.

Und mit Deiner Mutter?
Meine Mutter kann kein Deutsch.

Wenn Du schläfst, träumst Du bestimmt manch-mal. In welcher Sprache träumst Du denn dann?
Deutsch.

---

isst gern:
Spaghetti

schaut gern:
Sponge Bob

mag gern:
Fernsehen schauen und Spielen

wäre später gern:
weiß sie noch nicht, möchte aber mal in einer Villa mit großem Schwimm-bad wohnen

---

Trisha

**Geht in die vierte Klasse / Geburtsland: USA / Staatsangehörigkeit: weiß sie nicht/
Sprachen: Deutsch und ein bisschen Englisch**

Trisha, magst Du denn die Schule?
Nein, außer nach den Ferien, da freu ich mich
immer kurz davor, weil mir in den Ferien oft
langweilig wird.

Mhm, und was gefällt Dir nicht an der Schule?
Dass wir immer wieder Hausaufgaben aufkrie-
gen. Weil ich keine Hausaufgaben mag, sitz
ich fast immer den ganzen Tag an den Hausaufgaben.

*Oh je. [BEIDE LACHEN] Was würdest Du gerne an
Schule verändern?*
Ja, dass wir oft weniger Hausaufgaben kriegen,
oder dass wir auch ein Zeitlimit haben. Damit wir
genau wissen, wann wir aufhören müssen.

*Und am Unterricht? Gibt es Dinge, die Du gerne
mehr machen würdest, oder weniger?*
Also, Sport würde ich sehr gerne öfter machen,
weil es auch oft Spaß macht. Sonst eigentlich
nichts.

Trisha, liest Du gerne?
Nein, aber manchmal hab ich so Phasen, wenn
ich Bücher krieg, dass ich dann auch abends
manchmal heimlich lese.

Wieso heimlich?
Keine Ahnung, weil ich darf ja Fernsehen gucken
in mein Zimmer, zum Einschlafen, und wenn ich
dann nicht einschlafen kann, da ist ja mein Fens-
terlicht noch an, und weil ich da gut sehen kann
und ich eigentlich nicht lesen soll abends, les ich
dann manchmal, wenn ich nicht schlafen kann.

*Mhm, hast Du vielleicht ein Lieblingsurlaubs-
land?*

Ja, Amerika, da waren wir. Aber nur einmal. Weil
ich auch da geboren bin.

Du wurdest in Amerika geboren? Wo denn da?
In Texas.

Sprichst Du denn auch Englisch?
Nein, nicht so oft.

Wo sprichst Du denn Englisch?
Ganz selten fordert mich meine Mutter raus, zu
Hause zu sprechen. Oder im Unterricht, wenn wir
Englisch haben.

*Gibt's denn eine Sprache, die Du gerne noch
lernen möchtest?*
Ja, Spanisch oder Italienisch.

Und wie möchtest Du später mal wohnen?
Auf jeden Fall will ich in Amerika leben. Ich
nehm auch meine Mutter mit, wenn ich genug
Geld hab. [KICHERT] Kauf mir ein Haus, ein sehr
großes, mit ungefähr zwei, drei Gästezimmern
und die haben auch ein eigenes Bad und ein
eigenen Swimmingpool und Garten.

Wow. Und wo in Amerika?
Irgendwo. Am besten Florida oder Georgia.

Welches ist denn Dein größter Wunsch?
Mein größter Wunsch ist, mal berühmt zu werden, als Tänzerin oder Schauspielerin.

Oh, das ist aber ein großer Wunsch.
[KICHERT] Ja.

*Trisha, zum Schluss wüsste ich gerne von Dir,
was denn für Dich eigentlich Deutschsein ist?*
Deutschsein? Einfach hier zu leben, das reicht
mir eigentlich schon.

isst gern:
unterschiedlich,
je nach dem

schaut gern:
Pop Stars on Stage

mag gern:
Malen und Tanzen

wäre später gern:
Friseuse

Krzysztof

Geht in die zweite Klasse / Geburtsland: Polen / Staatsangehörigkeit: weiß er nicht / Sprachen: Polnisch, lernt gerade Deutsch

Du hast mir erzählt, Du bist nach Deutschland gekommen, als Du schon ein bisschen älter warst?
Als ich sechs Jahre war.

Bist Du hier in die erste Klasse gekommen oder warst Du vorher woanders in der Schule?
Nein, nur hier.

Dann sag mir doch jetzt mal, was Du am liebsten in der Schule machst.
Also, Mathematik, Malen, Arbeitsblätter und so – Deutsch auch.

Liest Du auch gerne?
Mhm, ganz.

Ganz (im Sinne von sehr) gerne?
Ja.

Und was für Bücher guckst Du Dir dann an?
Zum Beispiel Pipi Langstrumpf oder solche. [ZIEHT EIN SACHBUCH AUS DEM REGAL HINTER SICH]

Mhm, Sachbücher sind das. Und guckst Du auch manchmal Fernsehen?
Ja, immer nach der Schule. [LACHT]

[SCHMUNZELT] Und was schaust Du Dir dann am liebsten an?
Sponge Bob Schwammkopf und noch so coole Sachen.

Ok, gibt es euch ein Land, in das Du besonders gern in Urlaub fährst?
Also, manchmal bin ich nach Italien gefahren, das ist cool, das Meer, und dann bin ich nach Polen gefahren, also Italien und Polen.

Sag mal, welche Sprache gefällt Dir denn besonders gut?
Deutsch und Polnisch.

Und welche Sprachen sprichst Du?
[LACHT] Deutsch und Polnisch.

Welche Sprache sprichst Du denn am besten?
Deutsch.

Und welche Sprache benutzt Du am meisten?
Am meisten benutz ich mit meinem Papa und mit meiner Mama ganz lange schon Deutsch.

Also mit Deinen Eltern sprichst Du eher Deutsch als Polnisch?
Ja, weil meine Mama noch Deutsch üben muss.

Hm, sag mal gibt es eine Sprache, die Du gerne noch lernen möchtest?
So Türkisch, Brasiliensprache und noch Englisch.

Hat das einen bestimmten Grund, warum Du die gerne noch lernen möchtest?
Wenn jemand so die deutsche Sprache nicht kennt oder so, kann ich mit denen reden.

Mhm, hast Du auch schon einen Reisepass?
Für was?

Zum Reisen, zum Verreisen.
Schon lange, schon fünf Jahre.

Weißt Du auch, was das für einer ist?
Weiß nicht.

Was heißt es denn für Dich, deutsch zu sein? Was bist Du denn?
Ich bin polnisch.

Nicht Deutsch?
Nee, ich bin in Polen geboren. Ich kann auch Polnisch. Meine Mama spricht auch Polnisch, weil wenn sie Deutsch reden würde, würde ich schon Deutsch sprechen, als ich geboren wurde.

isst gern:
Pizza mit Pepperoni und Zucchini

schaut gern:
Sponge Bob

mag gern:
Seilspringen

wäre später gern:
etwas am Flughafen, Polizist

101

Yasmine

Geht in die zweite Klasse / Geburtsland: Deutschland / Staatsangehörigkeit: weiß sie nicht / Sprachen: Deutsch, Marokkanisch*, ein bisschen Italienisch

Yasmine, kommst Du gerne in die Schule?
Ja.

Und was machst Du in der Schule?
Also, zuerst haben wir offenen Anfang und dann fängt der Unterricht an. Da machen wir manchmal Mathe und manchmal Deutsch.

Und was gefällt Dir am besten in der Schule?
Mathe.

Gibt es da auch etwas, was Du nicht so gerne magst?
Sachunterricht.

Warum?
Ich hab da 'ne zwei minus.

Das ist ja nun nicht so schlecht. Und schaust Du Dir auch gerne Bücher an?
Ja.

Welche Bücher guckst Du Dir denn gerne an?
Also, ich hab ein Buch da steht drauf »Die Geschichten für starke Mädchen«.

Super. Yasmine, fährst Du auch manchmal in den Urlaub?
Ja.

Wo fährst Du denn dann am liebsten hin?
In Marokko.

Nach Marokko? Erzähl mal ein bisschen, was machst Du da?
Ich besuche meine Oma, dann geh ich direkt zu meiner Tante.

Mhm, und welche Sprachen sprichst Du?
Ich spreche Deutsch, ein bisschen Italienisch und Deutsch [DENKT KURZ NACH] und Marokkanisch.

Wenn Du sagst Marokkanisch, ist das Arabisch oder eine Berbersprache?
Äh [ÜBERLEGT] Marokkanisch.

Welche Sprache kannst Du denn am besten?
Marokkanisch.

Mhm, und wie sprichst Du mit Deinen Eltern?
Deutsch.

Und mit Deinen Geschwistern?
Auch Deutsch.

Welche Sprache benutzt Du denn dann am meisten? Deutsch?
Ja.

Mhm, aber Du sagst, Du kannst aber besser Marokkanisch.
Ja.

Wie kommt denn das?
Weil mein Papa marokkanisch ist und der lernt mir immer ganz viel.

Aha.
Und dann rede ich ein bisschen nur.

Wenn Du schläfst Yasmine, dann träumst Du ja manchmal, in welcher Sprache träumst Du denn?
[LACHT HELL AUF] Deutschland.

[SCHMUNZELT] In Deutsch?
[NICKT MIT DEM KOPF]

Sag mal was heißt das für Dich, wenn Du hörst »Das ist ein Deutscher oder eine Deutsche«? Wie muss der denn sein, oder was hat der für Eigenschaften, damit man sagt, der ist Deutsch?
Weiß ich nicht.

Bist Du Deutsch?
Ja.

isst gern:
Spaghetti
schaut gern:
Zoey 101,
Winx Club
mag gern:
Seilspringen
wäre später gern:
Ärztin

103

Abu Bakkar

Geht in die erste Klasse / Geburtsland: Sierra Leone / Staatsangehörigkeit: weiß er nicht / Sprachen: Deutsch, Englisch, eine afrikanische Varietät

Hallo Abu.
Hallo. Was sprechen wir?

Ich frag Dich jetzt einfach mal ein paar Sachen: was Dir gut gefällt, was Dir nicht so gut gefällt, ok?
Na gut.

Sag mal, fährst Du denn gerne in Urlaub?
Mit den Ei ssi ii [ICE: ENGLISCH AUSGESPROCHEN], ich fahr mit den Ei ssi ii, aber mit den weißen.

Mit dem weißen? Und wo fährst Du da hin?
Hamburg. Dieser Zug darf immer nach Hamburg fahren. Der Zug ist aber immer so langsam und der bringt uns immer zu spät nach Hamburg.

Au weia...
...aber, kann ich noch was sagen? Äh ich muss überlegen [ZIEHT EINE FRATZE, ÜBERLEGT ES SICH ANDERS] Du kannst weiter was sagen. [MACHT EIN BISSCHEN QUATSCH] Du kannst weiter was sagen [TONFALL: LOS SAG JETZT ENDLICH WAS]

In Ordnung, also, kannst Du eigentlich noch eine andere Sprache außer Deutsch?
[ZÖGERND] Ja.

Was kannst Du denn noch für eine Sprache, Abu?
Vergessen.

Vergessen?
Ja, Englisch. [SPRICHT ES ENGLISCH AUS, ALSO INGLISCH]

Mit wem sprichst Du denn Englisch?
[SEUFZT, ER WÜRDE LIEBER NOCH WEITER ÜBER DEN ICE UND DIE VERSPÄTUNGEN REDEN] Mama.

Mit Deiner Mama?
Ja und noch mit jemand anders.

So, how did you learn English?
My mum told me that.

She talks to you English all the time?
Yeah, but not German. Just a little bit.

So, she talks English all the time? Or is there another language?
There is another language.

Wow, interesting, which language is there?
[SEHR INTERESSIERTER FLÜSTERTON]
I forgot. [GRINST]

Oh [HOHE TONLAGE, EXTREM BEDAUERND] it's a pitty. I would love to know more about the other language. Do you know from which country this language comes?
Sierra Leone und Afrika, kommt das auch.

Ah, ich war auch schon in Afrika, und ich fand es da ganz toll. Ich war in Kenia und...
...ich auch.

In Kenia?
Neiiin, in Afrika, da war meine Familie. [WIRD WIEDER UNGEDULDIGER, WEIL ICH IHN ZU LANGSAM VERSTEHE]

[SCHMUNZELT] Aha. Wann warst Du denn in Afrika?
Da bin ich geboren. Aber in Sierra Leone. [UNVERMITTELT] Aua, ich hab Kopfschmerzen, aber hier. [ZEIGT AUF SEINE STIRNE UND GRINST]

Oh – it's a headache?
Ja.

Why?
Ja, weil wir viel geredet haben, und ich weiß nicht, wann wir mein Foto sehen können.

[SCHMUNZELT] Willst Du erst mal gucken kommen?
Ja. [SIE SCHAUEN SICH EIN STÜCK DER AUFZEICHNUNGEN AN]

isst gern:
Kartoffeln und Gemüse

schaut gern:
nur Kindersendungen, hat vergessen, welche genau

mag gern:
Fangen spielen, im Schlaf träumen, im Hort Fotos machen

wäre später gern:
ICE Zugführer, Computermann, Erzieher, Hortsprecher

Glossar

Berberisch: »Berber-Sprachen (29 Sprachen) – Berbersprachen werden von mehr als 5 Mio. Menschen in einem weiten Areal Nordafrikas gesprochen, von Marokko bis Libyen im Norden und bis weit in den Süden (Mali, Niger). Nur fünf berb. Sprachgemeinschaften haben größere Sprecherzahlen. Hierzu gehört das Taschelheit (im Südwesten Marokkos), das Tamazight (»Sprache der Freien«, Atlasgebirge in Zentralmarokko), das Tarifit oder Rif-Kabylische (Riff-Gebirge in Nordmarokko), das Taqbaylit (Kabylien, östl. Algerien) und das Tamaschiqt (Tuareg im südl. Algerien, in Mali und Niger).« (vgl. Haarmann, Harald 2001: *Kleines Lexikon der Sprachen*. Von Albanisch bis Zulu. Beck'sche Reihe. S. 83ff. München: C. H. Beck)

Farsi: »Ein Name, der verschiedene westiranische Sprachen und Dialekte bezeichnet. Man unterscheidet: Nordwest-Farsi → zentraliranische Sprache, die von verstreut in isolierten Gegenden der zentraliranischen Provinz Fars lebenden Bevölkerung gesprochen wird. (...) Ost-Farsi → Dari; Südwest-Farsi (»Tajik«) → (...) westiranische Sprache, die von den Kreisen Somghun, Papun, Masarm, Davâni, Buringun, Kondazi u. a. lebenden Bevölkerungsgruppen der zentraliranischen Provinz Fars gesprochen wird. (...) West-Farsi → Persisch« (vgl. Motz, Hartmut 2007: *Sprachen und Völker der Erde*. Linguistisch-ethnographisches Lexikon. Erster Band. S. 57ff. Halle: Projekte-Verlag Cornelius)

Marokkanisch: Einige Kinder bezeichnen eine ihrer Familiensprachen als Marokkanisch. Dies kann entweder auf ein marokkanisches Arabisch oder auf eine Berbersprache hinweisen.

Marokkanisch-Arabisch: »Das Arabische ist in den Staaten zwischen dem nördlichen Afrika, dem Maghreb und den Staaten der Arabischen Halbinsel als Staatssprache verbreitet. (...) Von der einheitlichen Schriftsprache weicht die Sprache in den einzelnen Ländern sehr stark ab. (...) Marokko: Marokkanisch-Arabisch (Marokkanisch-Darija, Maghrebinisch-Arabisch, Maghrebinisch) ca. 18,8 Mio. (1995); Hassaniya-Arabisch (Sahrawi, Maurisch, Sulaka, Hasanya, Hassani) – ca. 40 000 (1995).« (vgl. Motz 2007; Erster Band : 57ff)

Pashto: (Pashto/Pushto/Pakhto/pashto/u) Pashto ist die Sprache der Pashtunen oder Pathanen und wird von rund 20 Mio. Menschen in drei Hauptvarianten gesprochen: östl. Pashto in Pakistan (9,6 Mio.), westl. Pashto in Afghanistan (8,5 Mio.) und südl. Pashto in Pakistan (1,5 Mio.). (...) Sprecher des Pashto leben auch in anderen Staaten Asiens: Iran (0,113 Mio.), Vereinigte Arabische Emirate (0,1 Mio.), Indien (14.000). Aufgrund des Krieges in Afghanistan (1979-89, sowjet. bzw. russ. Intervention seit 1989, Bürgerkrieg) haben Tausende von Flüchtlingen Zuflucht in europ. Staaten gesucht, in Deutschland, Großbritannien u. s. w.« (vgl. Haarmann 2001: 295ff)

Schneiden: Das Wort »schneiden« wird im Türkischen kontextabhängig auch für »schlachten« verwendet. Asya übersetzt hier wahrscheinlich das türkische Wort ins Deutsche und meint, dass die Ziegen geschlachtet werden.

Somali: »Somali wird von rund 8,4 Mio. Menschen gesprochen. Die meisten Sprecher sind in Somalia beheimatet (6,7 Mio; rund 95% der Landbevölkerung). Das historische Siedlungsgebiet der Somali erstreckt sich in den südl. Teil Äthiopiens, wo 2,5 Mio. Sprecher des Somali leben. Andere Außengruppen von Somali gibt es in Kenia (0,312 Mio.), im Jemen (0,29 Mio.), in Dschibuti (0,181 Mio.), in den Vereinigten Arabischen Emiraten (0,1 Mio.), in Saudi Arabien u. a. Infolge der Bürgerkriegsunruhen haben viele Somali ihre Heimat in den 1990er Jahren verlassen und sind als Asylsuchende in die Staaten West- und Nordeuropas gekommen.« (vgl. Haarmann 2001 : 356ff)

Tamazight: »Berbersprache in Zentralmarokko und angrenzendem alger. Gebiet. 2-3 Millionen Sprecher, häufig mehrsprachig (Arab., Franz.). Nur geringe schriftl. Verwendung, zumeist in arab. Schrift, ohne offizielle Funktion.« (Glück, Helmut (Hrsg.) 1993: *Metzler Lexikon Sprache*. Stuttgart, Weimar: J. B. Metzler)

Tamil / Tamilisch: »Tamilisch wird als Primär- und Zweitsprache von etwa 71 Mio. Menschen gesprochen; davon sind 62,5 Mio. Primärsprachler und 8,5 Mio. Zweitsprachler. Die meisten Sprecher des Tamil. leben in Indien (58,6 Mio.), im südind. Bundesstaat Tamil Nadu und in angrenzenden Regionen. Insgesamt 3,5 Mio. Tamilen sind in Sri Lanka beheimatet. Andere zahlenmäßig bedeutende tamil. Außengruppen leben in Malaysia (0,27 Mio.), in Südafrika (0,25 Mio.), in Singapur (0,19 Mio.), in Deutschland (35.000), auf Mauritius (22.000); (...)« (vgl. Haarmann 2001 : 376ff)

Thai: »Die bedeutendste zum Tai-Zweig der Kam-Tai-Gruppe gehörende Tai-Sprache, die Nationalsprache der hauptsächlich in Thailand lebenden Thai (Siamesen), die Staatssprache Thailands und zugleich Lingua franca für andere Tai-Völker sowie für kleinere Minoritäten, teilweise auch für die Thailand-Chinesen in den nicht-laotischen Teilen Thailands ist. (...) Das *Standard-Thai (Zentral-Tai, Thai Klang)* wird von mehr als 20,182 Mio. Menschen (2000) in Thailand gesprochen inklusive 400.000 mit dem Dialekt *Khorat (Korat, Thaikorat)* und von über 1 Mio. Angehöriger, die in anderen Ländern leben.« (vgl. Motz 2007; Dritter Band : 223ff)

Tigrinya: »Tigray (Tigrennja, Tigrinya, Tigrigna) – Eine zum Nordzweig der äthiopischen Gruppe der semitischen Sprachfamilie gehörende Sprache des hamitosemitischen Sprachstammes, die von fast 3,225 Mio Menschen (1998) in Nord-Äthiopien, in der Provinz Tigray gesprochen wird. Ebenso sprechen sie etwa 1,2 Mio Menschen (2001) in Eritrea, wo sie seit Abspaltung von Äthiopien, im Jahre 1993, die Staatssprache des Landes bildet.« (vgl. Motz 2007; Dritter Band : 229ff)

Verlan: »Verlan ist eine in der französischen Jugendsprache verbreitete Spielsprache, in der die Silben umgekehrt werden. Selbst die Bezeichnung Verlan ist schon im Verlan verfasst, sie kommt nämlich vom französischen »à l'envers« (umgekehrt). (...) Die besondere Schwierigkeit für das Verständnis des Verlan besteht darin, zu erkennen, welche Silben verdreht wurden und dass gegebenenfalls die ursprünglichen Wörter bereits aus der Umgangssprache stammen. Selbst einsilbige Wörter können verdreht werden, indem sie überdeutlich ausgesprochen und nach dem Umdrehen der Silben wieder auf ein einsilbiges Wort verkürzt werden (wie mec franz. Typ) = me -keu → keume → keum).
Eine weitere Methode des Verlan ist folgende: Man nimmt den ersten und letzten Konsonant eines Wortes, dreht diese um und setzt ein »eu« ein. Beispiel: femme (Frau) m-f → meuf.« (http://de.wikipedia.org/wiki/Verlan am 06.07.09)

Danke!

Ein ganz großes und herzliches Dankeschön allen 37 Kindern, die sich so bereitwillig haben fotografieren und befragen lassen – ohne Euch wäre dieses Buch niemals entstanden!

Unser ebenso herzlicher Dank gilt auch den Eltern für ihre Zustimmung!

Für ihre große Unterstützung möchten wir uns sehr bei den Schulleitungen und Lehrenden der Henri-Dunant-Schule (http://www.schulserver.hessen.de/frankfurt/henri-dunant/) und der Karmeliterschule (http://www.karmeliterschule.de/) in Frankfurt am Main bedanken.

Für das großzügige finanzielle Engagement, mit dessen Hilfe und nur mit dessen Hilfe sich dieses Projekt umsetzen ließ, bedanken wir uns bei Group.IE (http://www.group-ie.com/www_static/) und bei ML7 Art Project (http://www.ml7-artproject.de/).

Weil so ein Buch viel Arbeit ist und gleichermaßen Geduld wie Durchhaltevermögen erfordert und es immer mehr als ein oder zwei Augenpaare und Köpfe braucht bis es fertig ist, möchten wir uns außerdem noch bei verschiedenen Menschen auf diese Weise ganz herzlich bedanken:

Mein großer Dank gilt Dir, Lara: für Deine Geduld im Alltag, Dein großes Interesse an den Interviews, Deine Hilfe beim Heraushören einiger Gesprächsfragmente und für Deine klugen Fragen und Kommentare!

Für das ideelle Engagement und den notwendigen mentalen Beistand in verschiedenen Phasen des Projekts danke ich ganz besonders Feridun Zaimoglu, Angela und Mark Gläser, Fehmi Odabas, Regina Schneider, Matthias Becker, Ruth Rieger, Imran Ayata, Sabine Kornbichler und Roj 4 believin' in me!

Tatjana Leichsering

Von Herzen!
Es gibt so einige Freunde und Unterstützer, die nicht alle namentlich genannt werden. Ich möchte Euch aber sagen: es ist wunderbar zu spüren, dass man wohlwollende Freunde hat! Ich möchte Euch allen danken, Eure Unterstützung tat und tut mir gut! Ganz besonderer Dank an Markus, Jörg und Rainer!

Martina Henschke